KB253734

서른 법칙

서른 법칙

서른에 보이는 미래

THIRTY LAW

김영한·김종원 지음

21세기북스

2장 창의 천재로 만드는 서른 법칙

3장 서른에 창의 천재가 되는 방법

4장 창의적인 나를 발견하는 40가지 원리

에필로그 스티브 잡스처럼 그러나 때론 헤밍웨이처럼

내게
창의 본능이
깃들게 하라!

"삼성의 신입사원 교육에 실망했습니다. 현대그룹에선 정주영 회장까지 직접 나와 신입사원들과 씨름한다는데 우리는 이게 뭡니까?"

이 당돌한 발언은 놀랍게도 1977년, 경기도 용인에 있는 삼성그룹 연수원 대강당에서 4주간의 신입사원 연수를 끝낸 신입사원들이 돌아가며 소감을 말하는 시간에 나온 말이다. 한 신입사원이 당당하게 내뱉은 당돌한 발언에 강당의 분위기는 순식간에 조용해졌고, 냉기마저 감돌았다. 그를 지도했던 구대장과 조교들이 노려봤지만 그는 조금도 위축되지 않았고, 더욱 철저하게 신입사원 교육의 문제점에 대해 발언했다.

그로부터 32년 뒤인 2009년 12월, 이 당찬 청년 최지성은 삼성전자를 이끌 원 톱으로 선임된다. 1977년 삼성물산에 신입사원으로 입사한 지 32년 만에 삼성전자를 이끌 대표로 선임된 것이다. 당당하게 신입사원 교육의 문제점을 말할 땐 아무도 그가 치열한 내부 경쟁이 있는 삼성이라는 조직에서 살아남아 사장 자리까지 오르게 될 줄 몰랐다. 도대체 그의 어떤 점이 그를 글로벌 대기업인 삼성전자를 대표하도록 만들었을까?

나는 그의 30대에서 그 요인을 찾을 수 있었다. 앞에 소개한 일화에서도 알 수 있듯 그는 자신의 30대를 지독하게 살았다. 34세가 되던 1985년, 그는 독일 프랑크푸르트에 1인 지사장으로 나가게 됐다. 그땐 삼성은 물론 '메이드 인 코리아'라고 써 있는 제품조차 거들떠보지 않던 시절이었다. 그래도 그는 64KD램을 팔기 위해 전화번호부를 뒤져 '전자'와 'PC'라는 상호만 나오면 무조건 찾아갔다. 하루가 멀다 하고 프랑스와 이탈리아 등 유럽 곳곳으로 '무박 2일' 출장을 떠났다. 지금 생각하면 정말 어처구니없는 일이지만 그는 판매를 위해서라면 밤길에 알프스산맥을 넘는 열정도 마다하지 않았다. 그의 별명인 '유럽의 보부상(褓負商)'이라는 말은 그냥 생긴 게 아니었다. 강행군을 거듭한 끝에 그는 유럽 진출 첫 해인 1985년, 혼자서 100만 달러어치의 반도체를 팔았다.

그의 공부는 끝없이 이어졌다. 낮에는 유럽 각지를 돌아다니며 영업을 하고 밤에는 1,000쪽이 넘는 기술 교재를 달달 외웠다. 당연히 쉴 틈이 없었다. 하지만 그에 대한 보상은 매출로 이어졌다. 독일 판매는 매년 배로 늘어났고, 1991년에는 반도체 사업관리 팀장이 됐다. 그렇게 30대를 보낸 그는 새로운 시장 개척에 능력을 인정받아 평면 TV의 새로운 사업 개발을 위해 2004년에 영상미디어 총괄사장이 됐다. 그의 나이 53세였다. 그는 디자인경영센터까지 통괄하면서 세계적 명품인 보르도 TV를 개발한다. 2006년 휴대전화 부문이 미국 모토로라에 밀려 고전을 면치 못하자 최지성 사장은 휴대전화 부문 사장으로 자리를 옮긴다. 여기서 그는 또다시 신화를 쓴다. 취임한 지 1년 만에 모토로라를 따라잡은 것이다. 그리고 2009년, 마침내 그는 세계 최고의 IT 회사인 삼성전자에 전자공학을 전공하지 않은 사람으로서는 처음으로 총괄사장이 됐다. 그의 나이 58세였다.

그는 정말 지독한 30대를 보냈다. 삼성은 창의적인 방법으로 일하지 않으면 살아남을 수 없는 환경과 문화를 가지고 있다. 삼성맨이라면 서른이 넘어서도 학습하고 두뇌 계발에 노력해야 한다. 이런 방식으로 5년, 10년을 지나면 창의적인 천재로 성장하게 된다. 최지성 사장은 서른에 자신의 창의 본능을 키워 나간 '서른 법칙'으로 성공한 대표적인 인물이라고 할 수 있다.

나는 일주일에 서너 차례 전국의 기업연수원에서 강의를 한다. 기업연수원에서 교육을 하다 보면 기업마다 제각각 다른 문화를 보게 되고 다양한 직종의 사람들을 만나 다양한 소식을 들을 수 있다. 때론 20년 전에 신입사원으로 만났던 사람이 그 회사 사장이 돼 있어서 놀랍기도 하지만 그 사장과 같이 입사했던 신입사원이 그 회사의 부장에 머물러 있는 걸 보면 더 놀라게 된다. 대체 지난 20년 동안 그들에겐 무슨 일이 있었던 걸까? 어떤 일이 일어났기에 한 사람은 사장이 되고, 다른 한 사람은 부장이 된 걸까? 해답은 사장과 부장인 그들의 관계처럼 명쾌했다. 한 사람은 '창의 본능(Creativity Instinct)'을 녹슬게 방치해둔 반면 다른 사람은 창의 본능을 갈고닦아 최고의 상태로 진화시킨 것이다.

창의 본능은 누구나 가지고 있는 능력이지만 서른을 기점으로 변하게 된다. 가만히 놔두면 녹슬게 되고, 반대로 갈고닦으면 향상될 수도 있다. 직장생활을 하는 이들은 30세 이후의 창의 본능 발달 여부에 따라 무능해지기도 하고 천재가 될 수도 있다. 서른은 대부분의 사람들이 인생 최초로 맞이하는 '창조의 시기'다. 이전까지는 일을 익히는 과정에서 배운 것을 기억 창고에 저장하지만 언제까지 저장만 할 수는 없는 일이다. 서른이 됐으면 사회생활도 어느 정도 한 상태고, 경력도 어느 정도 쌓았으니 그간 쌓아놓은 지식을 활용해 새로운 것을 창의할 때가 온 것이다. 이때 창의 본능을 깨운 사람은 주위 사람을 깜짝 놀라게 할 만한 실력을 발휘하면서 승승장구하게 된다. 이 책은 당신의 삶에 창의 본능이 깃들 수 있게 도와줄 것이다. 나는 당신의 삶이 서른 법칙을 통해 가장 아름답게 피어나길 소망한다.

김영한. 김종원

내가 원하는 게 무엇이든 서른에 전환점을 맞이하지 못하면

마흔엔 더 힘들어지고 쉰엔 거의 불가능해진다.

결국 서른은 그냥 보내는 건

인생이 준 최고의 기회를 그냥, 고스란히 보내는 것이다.

1장
서른 법칙이 내 인생을 결정한다

Creativity Instinct

1 서른 살,
당신의 창의 본능 지수는?

서른 법칙이 당신의 삶을 완성하게 하라

사람들은 "인생은 마흔부터!"라고 말한다. 그렇다면 마흔부터 인생을 시작하기 위해선 서른까지 준비해야 한다고 생각할 수 있다. 모든 시작엔 사전 준비가 필요하다. 그래서 서른은 마흔 그리고 나머지 삶을 위한 준비의 시기가 돼야 한다.

여기 마흔 이후에 성공한 이들이 있다. 'Every Day Low Price!'라는 캐치프레이즈를 내걸고 온갖 고생을 하다가 44세에 할인점 사업에 뛰어들어 〈포춘〉지가 선정한 세계에서 가장 규모가 큰 기업으로 성장한 '월 마트'의 창업주 샘 월튼, 수많은 도전과 시행착오 끝에 마흔에 자동차 회사를 설립해 지금까지 미국 자동차의 자존심으로 남아 있는 포드자동차의 창업주 헨리 포드. 이들이 성공을 바라보며 단지 운이 좋아서, 그저 나이 들어 성공한 좀 특이한 사람이 아니다. 샘 월튼 앞에는 '온갖 고생'이라는 수식어가, 헨리 포드 앞에는 '도전과 시행착오'가 그들의 성공을 표현하고 있다. 그들은 마흔 이후에 성공하기 위해 서른에 자신의 인생을 지독하게 살았던 사람들이다.

마흔 이전의 인생은 화려한 마흔을 맞이하기 위해 지식과 경험을 쌓는 준비 기간이다. 현재 어디서 무슨 일을 하고 있는가는 중요하지 않다. 단지 마음속에 품고 있는 꿈이 여전히 당신을 가만 놔두지 않는다면(아무리 하찮은 꿈일지라도!) 꿈을 이루기 위해 노력하라. 그 시기가 바로 서른이다.

솔개는 약 70년을 사는 조류 동물이다. 70년을 산다는 점에서 솔개와 인간의 삶은 비슷한 구석이 많다. 그러나 솔개는 35년을 살고 나면 부리가 구부러지고 날개가 무거워져 날지 못하게 된다. 이렇게 아무런 조치 없이 살다가는 움직이지 못하니 먹이를 먹을 수 없고, 먹지 못하니 굶어 죽을 수밖에 없다. 그렇다면 솔개는 어떻게 위기를 견디고, 나머지 삶을 살아갈 수 있을까? 답은 지독한 자기변화에 있다. 솔개는 스스로 갱생 과정을 거친다. 늙은 솔개는 산 정상으로 올라가 바위를 쫀다. 그렇게 해서 가슴까지 닿을 정도로 길게 구부러진 부리가 빠지고 새 부리가 돋아나게 한다. 새로 나온 부리로 발톱과 깃털을 하나씩 차례로 뽑아낸다. 깃털과 부리가 축축 늘어져 몸이 무거웠던 솔개는 다시 한창 때처럼 가벼워진다. 날 수 있을 만큼 몸이 경쾌해지는 것이다. 솔개가 다시 힘차게 하늘을 날아 30년을 더 살 수 있는 것은 고통스러운 갱생 시간에 그 해답이 있다.

인간 역시 마찬가지다. 나이가 마흔을 넘으면 책을 읽거나 공부하는 게 쉽지는 않다. 눈이 침침하고 몸이 마음만큼 따라주지 않기 때문이다. 그래서 인간도 나이 서른에 솔개처럼 갱생의 시간을 가져야 하는 것이다. 서른 이후에 남은 삶을 위해 투자하지 않으면 기회는 영원히 사라진다.

서울대 경영학과 조동성 교수는 학계는 물론 일반인들도 모르는 사람이 드물 정도로 유명하다. 미국 하버드 대학 출신으로 1978년에 스물아홉 살의 나이로 국내 최연소 교수로 임용됐다. 그가 위대한 이유는 서른 살에 멈추지 않았기 때문이다. 그는 교수가 된 이듬해 서른 살을 맞이하면서 새로운 결심을 했다. 그는 대학교수가 된 후 기상 시간을 새벽 6시로 당겼다. 기상하자마자 각종 연구회 모임에 참석하거나 기업인, 교수들과 함께 연구하고 토론을 진행하면서 자신의 발전을 위해 노력했다. 조찬과 함께 진행되는 토론을 통해 그는 늘 새로운 지식을 발견할 수 있었다. 토론이 끝나면 곧바로 연구원이나 학교로 출근해 누구보다 효율적으로 아침 시간을 활용했다.

창의 본능을 기르기 위해서는 아침 시간을 활용하는 게 중요하다. 그가 지금까지도 활발하게 활동할 수 있는 까닭은 서른 살부터 지속돼온 공부와 자기계발 덕분이다. 젊어서는 경영학도의 길을 걸었고, 경영학 회장을 역임할 당시에는 활발한 연구와 대외활동을 했고, 대학에서 학생들을 가르치고 있는 그는 전형적으로 서른 법칙의 인생을 살아온 사람이었고, 아직도 서른 법칙은 그의 인생을 완성해가고 있다.

내 안에 있는 바보와 천재

1999년, 스타벅스가 서울시 서대문구에 이대점을 1호로 내며 본격적인 커피 사업을 시작한 이래로 다양한 외국계 커피 브랜드들이 국내에 자리 잡으며 시장을 독식하는 상황에서 유독 빛을 내는 한국 토종 커피 사업체가 있었다.

연세대학교 앞에 가면 '민들레 영토'라는 문화 카페가 있다. 6층 규모 800평 정도의 건물 전체가 카페다. 민들레 영토는 연대 앞에만 있는 게 아니라 고대, 건대, 경희대, 대학로 등 대학가에 25여 곳이 있다. 이 카페 대표인 지승룡은 놀랍게도 35세까지 개척 교회 목사를 하던 성직자였다. 그는 어떻게 오랜 시간 성직자로 살다가 성공한 사업체를 이끄는 CEO가 됐을까? 그의 IQ는 87정도이며, 사업을 시작할 당시엔 경영에 대한 지식도 전혀 없는 상태였다. 모든 상황이 실패하기에 딱 좋은 상황이었다.

이야기는 그가 성직자를 그만둔 1990년으로 거슬러 올라간다. 그는 어쩔 수 없는 이유로 성직자를 그만두게 됐고, 순식간에 실업자가 됐다. 물론 힘겨운 시간들이었지만 그는 정독도서관에서 매일 10시부터 오후 7시까지 지독하게 독서를 했다. 그의 독서는 분야를 가리지 않았는데 신문을 포함해 여성지와 동화책, 경제와 경영 분야의 책들을 섭렵했다. 그렇게 3년이라는 시간이 흘렀고, 놀랍게도 그는 2,000권의 책을 읽을 수 있었다. 책을 읽고 나서 삶에 대한 그의 생각이 조금씩 변하기 시작했다. 성직자를 그만두고 실업자였을 땐 왠지 자신감이 없고 사는 게 두려웠지만 책을 읽으면서 더 이상 세상이 두렵지 않았다.

그는 자신감을 자산 삼아 카페를 만들기로 마음먹었지만 3년 이상의 실업자 생활로 수중에 남은 돈이 2,000만원뿐이라는 걸 확인하고는 한숨을 쉰다. 적은 돈은 아니지만 창업하는 데 크게 도움이 되지도 않는 금액이었다. 그 돈으로는 어디서도 가게를 얻을 수 없었다. 시름에 빠져 있던 그는 갑자기 감명 깊게 읽었던 창업 서적 내용이 생각났다. 책에서 학습한 대로 연세대학교 앞을 뒤져서 10평짜리 무허가 판잣집을 찾아냈다. 1,500만원에 생각보다 괜찮은 자리에 가게를 계약하고 기뻐하던 그에게 청천벽력 같은 소식이 들려왔다. 전 재산을 들여 계약한 가게가 무허가 건물이라 영업 허가가 나오지 않는다는 사실을 뒤늦게 알게 된 것이다. 모든 것을 포기할 수밖에 없는 절망스런 상황이었다. 몇 년간 닥치는 대로 일하며 벌었던 종잣돈을 몽땅 날릴 상황에 처한 것이다. 하지만 지승룡은 자신을 살릴 창의적인 아이디어를 찾아냈다.

"그래, 커피만 파는 게 아니라 문화비(입장료)를 받고 커피와 음료를 무료로 제공하는 방식으로 사업을 하는 거야!"

이 아이디어를 통해 그는 사업도 할 수 있었고, 전에 없던 방식은 대학생들에게 좋은 반응을 얻었다. 민들레 영토는 대학생의 전폭적인 지지를 받으며 번창을 계속했고, 지금은 전국에 25개가 넘는 지점이 성황리에 영업을 하고 있다.

지승룡 대표는 서른 전에는 목회자로서 비즈니스에는 문외한이었으나 끊임없는 학습과 자기계발로 창의 본능을 발휘하는 아이디어 천재가 됐고 성공한 사업가가 될 수 있었다. 지승룡 대표는 서른을 보내는 젊은이들에게 "일반 사람들보다 책을 많이 읽고 더 똑똑해져야 합니다. 젊음은 나중에 피눈물 나게 그리울 만큼 소중한 것입니다. 결코 젊은 시절을 맨송맨송하게 보내면 안 됩니다."라며 서른 살의 중요성을 강조한다.

정말 그의 말처럼 끊임없는 자기계발을 하면 IQ 87의 지능으로도 성공할 수 있는 것일까? 울산대학교의 주상윤 교수는 다음과 같이 창의력과 지능에 대해 정의한다.

"창의력은 IQ와는 전혀 다르다. IQ가 논리에 따라 문제를 해결하는 능력이라면 창의력은 논리를 벗어나 문제를 해결하는 능력이다. 논리는 정해진 길을 따라 우리를 인도하기 때문에 지능에 기반한 논리로는 창의력을 발휘할 수 없다."

지승룡 대표의 사례에서 알 수 있듯 창의력은 지능과 상관없다. 남다른 발상과 독특한 아이디어는 끊임없는 자기계발에 의해 생겨난다. 이게 사실이 아니었다면 IQ 87의 지승룡 대표는 어떤 사업을 해도 성공할 수 없었을 것이다. 두뇌에는 바보와 천재가 공존한다. 지능 덕분에 학교 성적이 뛰어나도, 창의력이 없으면 응용하는 데 어려움을 겪게 된다. 지승룡 대표는 지능은 높지 않았지만 30대에 학습과 자기계발을 게을리하지 않아 자신 안에 숨겨져 있던 천재적인 창의력을 끄집어낼 수 있었다.

생각만 늙을 뿐 뇌는 늙지 않는다

2007년에 KBS TV 〈퀴즈 영웅〉 프로그램에서 61세의 고령 권오식 씨가 퀴즈 영웅이 됐다. 최고령 퀴즈 영웅이 된 그의 생활은 운동과 독서로 가득했다. 매일 책을 보고 학습과 운동을 병행하는 생활의 연속이었다. 그의 삶과 두뇌는 사람들에게 이슈가 됐고, 결국 방송국에서 그의 뇌 구조를 들여다보기로 했다. 결과는 놀라웠다. 나이는 예순이 넘었지만 뇌는 30세 상태를 유지하고 있었다. 정확한 비교를 위해 같은 나이의 여성 뇌를 촬영해 보니 그 여성의 뇌는 공간이 적어져 있고 두뇌 중앙의 뇌실 공간이 커져 있어 뇌 가운데가 비어 있는 상태였다. 나이는 같지만 뇌의 상태는 완전히 달랐던 것이다. 그들의 차이는 무엇일까?

한 사람은 꾸준한 두뇌 훈련으로 죽는 양만큼의 뇌 세포를 새로 재생했고, 다른 한 사람은 두뇌 훈련에 게을렀기 때문에 뇌 세포가 죽는 만큼 재생되지 못했기 때문에 벌어진 차이다. 이는 환경과 관리 여부에 따라 재생되는 뇌 세포의 양이 다를 수 있다는 것을 보여준다. 얼마 전까지만 해도 뇌 세포는 한 번 죽으면 다시 재생되지 않는 것으로 알려져 왔다. 그러나 최근 뇌 과학자와 심리학자들이 뇌세포도 재생된다는 것을 밝혀냈다. 얼마나 두뇌 경영을 잘하느냐에 따라 죽는 뇌 세포의 숫자를 줄이고, 재생하는 뇌 세포의 숫자를 늘릴 수 있다.

캐나다 맥킬 대학의 심리학자인 도널드 헤브는 '두뇌 경영에 따른 뇌 세포의 재생'이란 주제로 실험을 했다. 그는 대학 연구실에 있는 실험용 쥐 몇 마리는 그대로 방치하고, 몇 마리는 집에 가지고 갔다. 연구실에 방치된 쥐는 늘 같은 생활을 반복했고, 집에 가져간 쥐는 아이들과 함께 놀게 하고 다시 실험실에 데리고 돌아왔다. 아이들과 함께했던 쥐와 실험실에 방치됐던 쥐는 학습능력에서 커다란 차이를 드러냈다. 아이들이 만져주고 놀아준 쥐들은 색다른 경험 때문에 학습능력이 향상된 반면 계속해서 실험실에 갇혀 있었던 쥐들은 전과 다름 없는 수준을 보였다. 뇌의 활발한 사용으로 인해 학습능력이 향상된 것이다.

1998년에 뇌 과학자들은 첨단 영상 장비를 통해 뇌 세포가 재생된다는 결정적인 증거를 찾아냈다. 암 환자들에게 물감을 투입해 암 세포가 증식하는 모습을 추적했다. 연구진들은 뇌 해마 부분에 염료 표시가 집중적으로 몰려 있는 모습을 발견했다. 이는 신경세포 뉴런이 분열하고 증식하고 있다는 증거다.

  영국의 맥과이어 교수는 뇌 세포가 증식된다는 것을 런던의 택시 기사 두뇌에서 확인할 수 있었다. 현재 런던의 택시는 검정색 '블랙 캡'이 운영하고 있다. 특이하게도 블랙 캡에는 알아서 길을 찾아주는 내비게이션이 없기 때문에 택시 기사들은 복잡한 런던 시내의 모든 도로와 건물을 암기할 수밖에 없다. 런던의 택시 기사 시험은 짧게는 1년 반 길게는 3년 동안 스쿠터로 런던 구석구석을 다니며 지리를 암기한 후에 시험을 치른다. 7만여 개의 길과 건물, 장소, 이름을 모두 암기하고 브리태니커 백과사전의 상식 정도를 머리에 넣어야 손님을 귀족처럼 대하는 고급 서비스를 제공할 수 있기 때문이다. 일단 시험에 합격하면 고소득의 평생 직장이 보장되기 때문에 대부분 결사적으로 시험을 준비한다. 물론 공부는 시험에 한 번 붙었다고 그만두는 게 아니다. 택시 기사가 돼서도 계속해서 모든 도로를 암기해야 하므로 아무리 나이가 들어도 블랙 캡 택시 기사를 하는 동안에는 공부를 끊임없이 해야 한다.

  맥과이어 교수는 블랙 캡 택시 기사와 또래의 일반인 두뇌를 MRI 촬영했다. 나이는 같았지만 두뇌의 크기에서 뚜렷한 차이가 났다. 블랙 캡 택시 기사는 평생 동안 공부를 하고 두뇌 운동을 했기 때문에 두뇌 조직이 일반인보다 컸으며 뒤통수가 커져 있어서 약간 돌출될 정도였다. 나이가 들었다고 해서 뇌세포까지 늙는 건 아니다. 늙는 것은 당신의 생각이지 뇌가 아니다. 뇌 세포도 근육과 마찬가지로 지속적으로 사용하고, 끊임없이 훈련하면 충분히 젊은 뇌를 유지할 수 있다.

창의 본능은 천재의 전유물이 아니다

인간으로서 이룰 수 있는 가장 위대한 업적을 이룬 것으로 평가받는 모차르트, 아인슈타인, 에디슨, 피카소 같은 천재들은 보통 사람과 무엇이 다를까? 천재의 지능에 대해 연구를 지속했던 미국 플로리다 주립대의 심리학 교수인 앤더스 에릭슨은 "천재는 태어나는 것이 아니라 만들어진다."라고 말한다. 또 천재는 1%의 영감, 70%의 땀, 29%의 자기계발로 만들어진다고 분석했다. 성공한 사람들이 뛰어난 지능을 가지고 있을 거라는 생각은 우리의 오해에 불과한 것이다. 그들은 특별히 지능이 뛰어난 사람들이 아니다. 조사에 따르면 성공한 인물들의 지능지수(IQ)는 보통 사람들보다 약간 높은 115~130에 불과하다. 이런 지능지수는 전체 인구의 14%에 해당하는 수준이다. 지능지수로만 보면 100명 중 14명은 천재가 될 조건을 갖췄다는 뜻이다.

물론 이들이 평균 이상인 것은 분명하다. 하지만 내가 말하고 싶은 것은 '천재들이 반드시 남보다 뛰어난 머리를 갖고 태어난 것은 아니다.'라는 사실이다. 노벨물리학상 수상자이자, 생전에 기발한 아이디어를 쏟아냈던 천재로 알려진 리처드 파인만의 지능지수는 122에 불과했다. 아인슈타인, 피카소, 다윈 역시 어릴 때 학교 성적이 별로 좋지 않아 낙제를 받을 정도였다. 예술 분야에서 천재적인 재능을 발휘한 고흐, 고갱, 차이코프스키, 버너드 쇼도 태어날 때부터가 아니라 한참 늦은 나이에 비로소 재능을 발휘한 경우다. 자신의 재능을 발견하기 위해서는 자신 안에 숨겨진 창의 본능을 깨워야 한다. 그러기 위해선 뇌가 어떻게 돌아가는지 그 프로세스를 알고 있어야 한다. 자주 쓰면 자라나고 쓰지 않으면 퇴화한다는 점에서 뇌도 근육과 같다는 사실이다.

뉴런(신경 세포)은 각자 몸에서 뻗어나는 가지와 시냅스를 통해 연결되는데 학습을 하고 운동을 하면 새로운 가지들이 발달해 뇌 기능이 강화된다. 학습이 이뤄지면서 신경 연결이 역동적으로 이뤄져 뉴런 간의 인력(引力)이 강화된다. 아래 그림을 보면, 끊임없이 학습하면 혈관내피 세포 성장인자를 생성해 뇌에 새로운 모세 혈관이 생겨나고 혈관 통로가 확장되는 데 도움이 된다. 혈류 활동이 왕성해지면 신경 화학물질과 여러 가지 성장인자들이 분비돼 뇌 세포 파괴 과정을 거꾸로 돌리고 회로를 물리적으로 강화한다. 이런 원리로 부지런한 뇌 세포가 생성되고, 창의 본능을 일깨우는 데 도움을 주는 것이다.

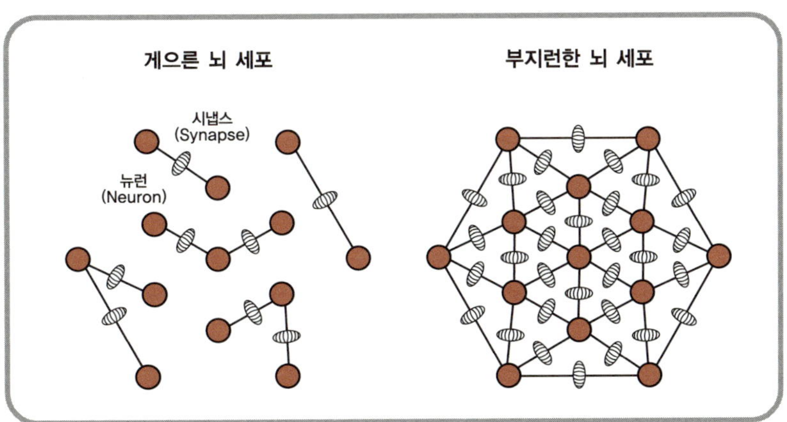

사람에게 창의적인 지능이 있다는 것을 처음 인지한 사람은 누굴까? 바로 세계적인 과학자 토마스 에디슨이다. 에디슨은 노력에 따라 얼마든지 발전할 수 있는 인간의 가능성을 믿으며 이런 말을 남겼다.

"몸을 갈고닦으면 근육이 늘어나듯 머리도 갈고닦으면 여러모로 쓸모 있게 된다. 어려운 말을 되도록 삼가고 아이들처럼 호기심을 충족시킬 수 있도록 궁리해야 한다."

에디슨이 여든두 살이 되던 날, 한 신문 기자가 그에게 이런 질문을 던졌다.

"지금까지 발명품한 것 중 가장 멋진 결과물은 무엇입니까?"
"어린아이의 두뇌와 같은 천재성을 발견한 일이죠."

에디슨은 어린아이와 같은 천재성을 '리틀 피플(Little People)'이라고 불렀다. 리틀 피플은 '상상력을 관장하는 두뇌'라는 뜻으로 에디슨이 만들어낸 말이다. 어린아이처럼 순수한 머리는 상상력을 양산하는 일종의 '상상력 발전소'다. 에디슨은 노력도 중요하지만 "천재의 혼이 깃든 어린아이의 마음으로 돌아가는 것이 먼저."라고 강조했다. 리틀 피플은 인간의 육체와 혼에 상상력과 창의성을 불어넣을 수 있다. 에디슨은 자신의 내면에서 리틀 피플을 발견하는 것이야말로 창의 본능을 찾아내는 일이라 했다.

서른과 마흔 사이에 인생이 바뀐다

보통 서른이 지나면 몸이 조금씩 약해지기 때문에 두뇌 역시 활동이 더딜 것이라 생각하지만 그건 잘못된 생각이다. 두뇌는 서른이나 마흔이 지나야 더욱 활발해진다. 서른이 넘어가면 뇌는 독특한 작용을 하기 시작한다. 그때가 인생에서 가장 중요한 순간이다. 그것을 잘 이용하느냐 마느냐에 따라 인생의 많은 부분이 달라지기 때문이다.

뇌를 연구해 보면 '20대 후반이 되면 두뇌 편성이 상당히 안정적으로 돼 간다.'라는 사실을 알 수 있다. 그전까지 불안정 속에서 만들고 부수는 일을 반복했을 뿐이다. 이렇게 두뇌는 20대 후반까지 가장 이상적인 형태로 재편성된다. 그러다 서른이 지나면 하나의 형태로 자리 잡히게 된다. 그리고 두뇌가 폭발적으로 좋아지는 경험을 하게 되는데 어릴 때는 연결고리를 찾아낼 수 없었던 것들이 서서히 보이기 시작한다. 그 이유는 서른이 되면서 연결고리를 발견하는 범위가 비약적으로 확대되기 때문이다.

나이가 들면 두뇌능력이 저하된다는 통념과 달리 오히려 '나이가 든 사람의 두뇌가 젊은 사람의 두뇌보다 더 현명할 수 있다.'라고 〈뉴욕 타임스〉가 2008년 5월 20일자에서 이를 보도했다.

"나이가 들면서 기억력은 저하될 수 있지만 반대로 판단력과 창의력은 오히려 증가할 수 있다. 나이와 지능의 변화를 연구한 위스콘신 대학의 존 혼(John. L. Horn) 교수는 평생 발달심리학 연구와 이론에서 지능의 변화를 규명했다. 그는 인간의 지능을 유동성 지능(Fluid Intelligence)과 결정적 지능(Crystallized Intelligence)으로 구분했다. 유동성 지능은 추리능력, 연산능력, 기억, 도형 지각능력 등 경험과 무관한 지능을 말하고, 결정형 지능은 어휘, 일반 상식, 언어 이해, 판단과 같이 경험과 훈련, 교육 등 환경적 요인에 의해 발달, 축적되는 문화적 지능이다. 사람이 젊을 때는 유동성 지능이 우세해 수학 계산과 추리를 잘하고 기억력이 우수하다. 그러나 나이가 들수록 환경적 요인에 의해 발달되는 결정적 지능이 강화되는 경향이 있다. 결국 사람의 지능은 젊었을 때는 유동성 지능이 활발하고, 나이가 들면서 사회생활과 일상적인 일에서 중요한 결정을 할 때 필요한 지능이 활성화되는 것이다."

존 혼은 이 두 가지 지능과 함께 '통괄적 지능'이라는 '제3의 지능'을 언급했는데 이 지능은 현상을 파악하는 능력, 기획력, 의사결정력 등 많은 정보를 통합하고 새로운 결정을 하는 능력이다. 통괄적 지능은 서른 살과 마흔 살 사이에 올라가는 사람이 있는가 하면 반대로 내려가는 사람도 있다고 한다. 이 통괄적 지능을 직관과 직감을 포함하는 본능이라는 의미에서 창의 본능이라 할 수 있다.

창의 본능은 누구에게나 있지만 관리 여부에 따라 강화될 수도 있고 약화될 수도 있다. 우리가 기억해야 할 것은 창의 본능이 약화와 강화의 갈림길에 서는 순간이 바로 서른 살과 마흔 살 사이라는 것이다. 창의 본능이 강화되는 사람은 아이디어 천재가 될 수 있고 이를 녹슬게 내버려둔다면 새로운 아이디어를 내놓을 수 없는 무능력한 상태가 될 수 있는 것이다.

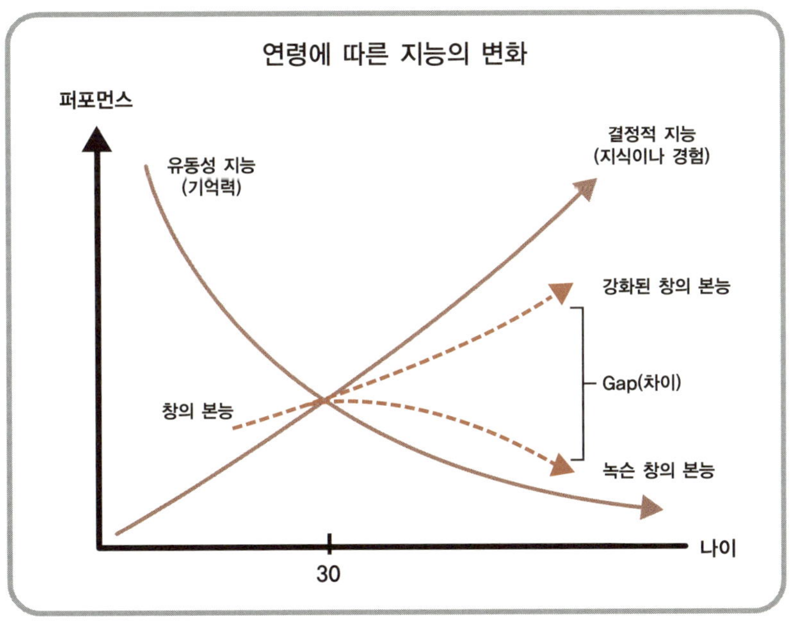

그렇다고 지금 자신의 머리가 나쁘다고 걱정할 필요는 없다. 두뇌는 우리가 생각하는 것보다 훨씬 많은 가능성을 가지고 있다. 그러나 반드시 짚고 넘어가야 할 것은 있다. '소중한 두뇌를 얼마나 사랑하고 있을까?' 하는 것이다. 새로운 것을 배우고, 새로운 분야를 공부하는 것에 얼마나 마음을 열고 있는지, 내 두뇌를 사랑한다면 두뇌가 원하는 것을 기꺼이 해줄 수 있는지가 관건인 것이다.

성공하는 사람은 창의 본능이 강하다

국내에서 리딩 은행 중 하나인 H은행의 새 은행장 취임식에 참석한 이 지점장은 머리에 여러 가지 생각들이 스쳐 지나갔다. 바로 지금 자신의 앞에 있는 단상에서 새 은행장에 취임하기 위해 선 김 행장은 20년 전 같은 부서에서 동료로 근무했던 사람이다. 더구나 김 행장은 H은행 출신도 아니다. IMF 외환위기 이전에 S은행에서 근무하다 S은행이 H은행에 합병되면서 H은행 멤버가 됐다. 그는 합병 당시에는 지점장이었지만 영업능력을 인정받아 타 은행 출신임에도 불구하고 승진을 거듭해 임원, 부행장을 거쳐 결국 은행의 꽃인 은행장이 됐다. 그의 동료였던 이 지점장은 지난 20년 동안 겨우 자리만 보존하며 최근에 간신히 지점장 자리에 앉았다. 20년 전, 김 행장이나 이 지점장은 S은행에서 같은 직급으로 일했지만 지금은 상황이 완전히 달라졌다. 이 지점장은 곰곰이 생각해봤다.

"대체 저 친구는 어떻게 해서 은행장이 됐고, 나는 무엇을 잘못해서 여전히 이 자리를 벗어날 수 없는 걸까? 노력이라면 나도 지지 않을 만큼 했는데 어디서 잘못된 걸까?”

　이유는 간단 명료하다. ‘노력의 차이’가 아니라 ‘노력하는 방법의 차이’다. 한 사람은 육체적인 노력에 치중했고, 다른 한 사람은 창의적인 노력에 매진했기 때문이다. 김 행장은 은행 경영 환경이 변함에 따라 창의적인 아이디어로 새로운 시장을 개척했을 뿐 아니라 혁신적인 마인드로 열정적으로 일해 뛰어난 성과를 올렸다. 그런 성취의 순간이 연속적으로 이어져 은행장 자리에 오르게 된 것이다. 물론 20년 진에는 김 행장과 이 지전장이 창의 본능은 거의 차이가 없었다. 둘의 다른 점이라면 이 지점장은 창의 본능에 녹이 슬도록 내버려뒀고, 김 행장은 이를 갈고닦아 새로운 아이디어로 거듭나려는 의지를 멈추기 않았다는 것이다.

　인간의 능력은 서른이 되면 하향 곡선을 긋지만 창의력은 서른 살이 지나도 멈추지 않고 계속해서 발달한다. 자신의 분야에서 독보적인 업적을 쌓고, 남들이 인정하는 성공한 사람은 예순 살을 넘어도 창의 본능이 녹슬지 않는다.

　미국의 정신심리학자인 스틸(J. Still)은 인간의 정신능력과 나이의 상관관계를 연구했는데 ‘성공한 사람과 성공하지 못한 사람의 정신능력에서 차이가 난다.’라는 데 주목했다. 성공한 사람은 기억, 상상력, 창의력, 판단력 등이 나이가 들수록 향상됐지만 성공하지 못한 사람은 서른 살을 넘기면서 전체적인 두뇌능력이 퇴행하는 현상을 보였다는 것이다. 성공한 사람의 경우에도 연령에 따라 최고조에 이르는 두 뇌능력의 유형이 달라진다고 한다. 기억력은 20대 때 최고에 도달하고, 이해력과 상상력은 30~40대, 창의력은 40~60대 사이에 절정을 이룬다. 이를 지능 구성비로 보면 성공한 사람은 결정적 지능과 창의 본능이 발달했지만 성공하지 못한 사람은 창의 본능의 구성비가 현저하게 낮은 걸 알 수 있다.

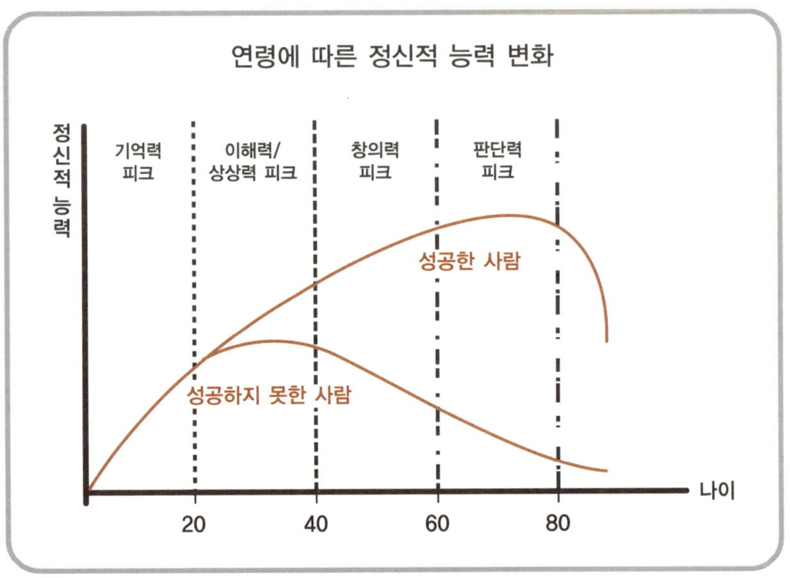

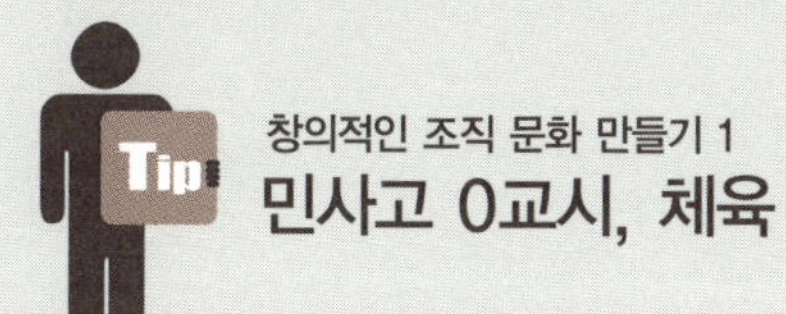

민사고 0교시, 체육

강원도 평창에 있는 민족사관고등학교에서는 매일 새벽 동네가 떠나갈 듯한 괴성이 울린다. 아침 6시가 조금 넘은 시간에 이 학교에는 전교생이 체육관에 모여 30분 동안 체육 수업을 한다. 검도를 하면서 몸을 움직이고 소리를 지르면서 운동한다. 민족사관고등학교 예체능과 김명순 교사는 체육 수업의 효과를 이렇게 이야기한다.

"아침 운동은 아침식사를 촉진하고, 규칙적인 생활습관이 몸에 배어 학습 효과를 높이는 효과가 있다."

또 미국 일리노이 주 네티퍼빌고등학교 역시 한국의 민족사관고등학교처럼 아침마다 운동을 한다. 네티퍼빌고등학교는 4년 전부터 0교시 수업이 체육이다. 전교생이 수업 시작 전에 체육관에 모여 달리기와 운동을 한다. 특이하게도 학교에서는 학생들의 팔에 심장박동계를 부착해 심장박동수를 측정한다. 분당 심장박동수가 160~190 정도 나와야 운동을 멈추고 자리로 돌아갈 수 있는데 이 수치는 전력을 다해 운동해야만 나올 수 있는 수치다. 이렇게 학생들에게 운동을 시키는 이유에 대해 체육 교사인 폴 진타스키는 "아침 운동을 하게 되면 뇌에서 도파민, 세로토닌과 같은 호르몬이 배출되는데 이는 주의력을 높이고, 적극성을 높여 학습에 도움이 된다."라고 말하며 아침 운동의 중요성을 강조했다.

이 학교의 운동 예찬은 여기에 그치지 않고 수업시간에도 학생들의 몸을 자유롭게 움직이도록 유도한다. 학생들이 책상에 그네처럼 발걸이를 만들어서 발을 흔들거나 의자 밑에 커다란 공을 놓고 굴려가며 수업을 듣는 것을 볼 수 있다. 또 수업 중에 학생들은 일정하게 몸통을 좌우로 교차하면서 앉아 있는데 이는 좌우 반구를 교체하는 효과가 있다고 한다. 네티퍼빌고등학교는 지속적인 운동식 수업으로 많은 효과를 보고 있다. 학생들의 독해 성적이 운동식 수업 이전보다 10% 정도 향상됐고, 과학은 세계 최고의 실력을 자랑하고 있을 뿐 아니라 수학은 미국 전체 고등학교에서 4위를 차지할 정도로 학생들의 실력이 크게 향상됐다.

2 나는 두뇌 경영자다

서른 살보다 젊은 예순 살의 두뇌

나는 대학을 졸업할 때까지만 해도 미래에 대해 별 생각 없이 정해진 틀 속에서 살아왔기 때문에 졸업하면 쉽게 대기업에 취직할 수 있다고 생각했다. 생각과 현실의 괴리는 너무나 컸다. 막상 대학을 졸업하니 취직은 하늘에 별 따기만큼이나 어려웠다. 기업체 숫자가 적어 좋은 대기업은 일류 대학 출신의 수재들이나 가는 곳이지 나처럼 3류 대학을 간신히 졸업한 처지에서는 까마득한 곳이었다. 현실적으로 취직이 힘들다는 걸 인정하고 컴퓨터를 배우기 시작했다. 얼마 후 아는 사람의 도움으로 컴퓨터학원에서 강사로 첫 취직을 했다. 이때 컴퓨터학원에서 미국 컴퓨터 회사의 판매 대리점을 겸하는 바람에 강사를 하면서 컴퓨터 세일즈맨까지 하게 됐다. 잘하고 싶은 마음에 여기저기 찾아다니며 열정적으로 영업을 했지만 마음처럼 쉽지 않았다. 문제는 술과 담배였다. 지금은 그런 게 조금 사라졌지만 당시엔 영업할 때 고객들과 술을 마시고 담배도 같이 피우지 않으면 영업 자체가 불가능했다. 아침에 회사에 출근하면 늘 머리가 멍했다. 하루의 시작부터 멍한 상태니 하루 종일 무슨 일을 했는지 기억조차 못한 채 세월을 보내야 했다.

삼성에서 컴퓨터 사업을 시작하면서 삼성전자로 자리를 옮겼는데 이때 내 나이가 서른 살이었다. 삼성은 완전히 달랐다. 영업과는 직접적으로 상관 없는 경영이나 관리 교육을 받아야 했다. 바쁜 업무 시간을 쪼개 2~3일씩 교육을 받는 건 분명 고된 일이었지만 막상 많은 것을 배울 수 있었기 때문에 보람을 느꼈다. 가끔씩 해외 연수를 갈 기회가 생기면서 미국 휴렛팩커드 교육 프로그램에 참가해 초일류 기업의 마케팅과 세일즈 기법을 익힐 수 있었다. 지금의 내 위치는 그때 세계 일류 수준의 지식과 정보를 마음껏 흡수했기 때문에 만들어진 것이었다.

삼성전자에 입사한 이후엔 영업을 하면서 술과 담배를 거의 하지 않았다. 대신 늘 열정적으로 사람을 만났으며 고객에게 최적의 제안서를 쓰기 위해 생각하고 또 생각했다. 나중엔 아예 술과 담배를 끊고 새롭게 변하는 컴퓨터 기술을 공부하는 데 열을 올렸고, 고객을 설득하기 위해 끊임없이 자기계발을 했다. 만나는 고객에 따라 다른 상황을 분석하면서, 고객의 문제를 해결하는 창의적인 제안서를 쓰다 보니 두뇌에서 시냅스 활동이 왕성해졌고, 두뇌를 녹슬게 하지 않았다. 내 제안서가 고객들에게 받아들여지면서 영업과장, 영업부장, 사업 총괄이사까지 승진을 거듭하며 승승장구할 수 있었다.

1988년에 삼성을 그만두고 경영 컨설팅 회사를 설립, 나이 마흔에 대학원에 진학했다. 경영자와 학생의 길을 병행하면서 경영 컨설팅과 기업 교육에서 얻은 정보와 지식을 바탕으로 책을 쓰기 시작했다. 책 한 권을 쓰려면 몇 백 권의 참고 도서를 읽어야 하기 때문에 일주일에 다섯 권 정도를 정독했다. 영업하기 위해 뛰고, 대학원에서 공부하고, 책을 읽고 쓰는 일을 계속했다. 맨 처음 경영 서적을 한두 권씩 내기 시작했고, 시장이 반응을 보이자 책 쓰는 일에 더욱 열중했다. 53세에 국민대학교 경영대학원 교수가 되기까지 내가 쓴 책 중에서 베스트셀러가 나오기 시작했고, 40~50권의 책이 출간됐다. 보통 50권이 넘는 책을 쓰기 위해서는 최소한 몇 천 권의 책을 읽어야 한다. 내가 가지고 있는 책들은 그냥 쉽게 읽고 지나친 것들이 아니다. 대부분 정독해야 수많은 책의 주요 내용을 기억할 수 있고, 어떤 책들은 '몇 페이지에 무슨 내용이 있는지'까지 알 수 있다.

초보 세일즈맨 시절의 내 기억력은 나쁜 편이었다. 동료들과 자주 술을 마시고, 줄담배를 피우다 보니 하루 종일 머리가 멍한 상태에서 아무런 의미 없이 이 사람 저 사람을 만나서 횡설수설 떠들었다. 지금은 62세로 열정적으로 활동하기엔 적지 않은 나이지만 30년 전 보다 훨씬 기억력이 좋아졌다는 것에 자부심을 느끼며, IQ도 좋아진 것 같고, 창의력도 비교할 수 없을 만큼 좋아졌다. 이렇게 놀라운 결과는 서른 살에 삼성에서 근무를 하면서 시작됐다. 만약 전에 다니던 직장을 계속해서 다녔다면 과거의 방식으로 영업을 했을 것이고, 그 회사는 나를 교육시키지도 않았을 것이며 매일 술을 마시고 돌아다니다가 지금은 여느 60대처럼 모든 일을 접고 세월만 축내며 살고 있을지도 모른다.

창의 곡선은 두 번 만들어진다

창의 본능은 누구에게나 있는 능력이다. 창의 본능을 발견하고 키워나가는 사람이 있는가 하면 전혀 의식하지 못하는 사람도 있다. 그리고 이를 의식한다 해도 발전시키지 못하는 사람이 있다. 천재적인 지능이 없다고 해서 자신의 지능에 불만을 가질 필요는 없다. 아주 극소수의 사람만이 천재적인 재능을 가지고 태어날 뿐 99% 이상의 사람들은 평범한 두뇌를 가지고 태어난다. 창의 본능은 이 99%의 사람들 모두에게 있는 재능이다. 일찍 창의 본능을 발견한 사람들은 어린 시절에는 평범한 두뇌를 가진 것처럼 보이지만 꾸준하게 두뇌 계발을 하고 학습하면서 두뇌능력이 놀랄 정도로 향상돼 높은 성과를 올리게 되는 것이다.

세상엔 다양한 부류의 사람들이 있다. 지식은 많으나 창의력이 떨어지는 사람들이 있는가 하면 지식은 많지 않지만 창의력이 뛰어난 사람도 있다. 창의 본능을 발견하고 키워 나가는 방식에 따라 각기 다른 패턴을 보이기 때문이다.

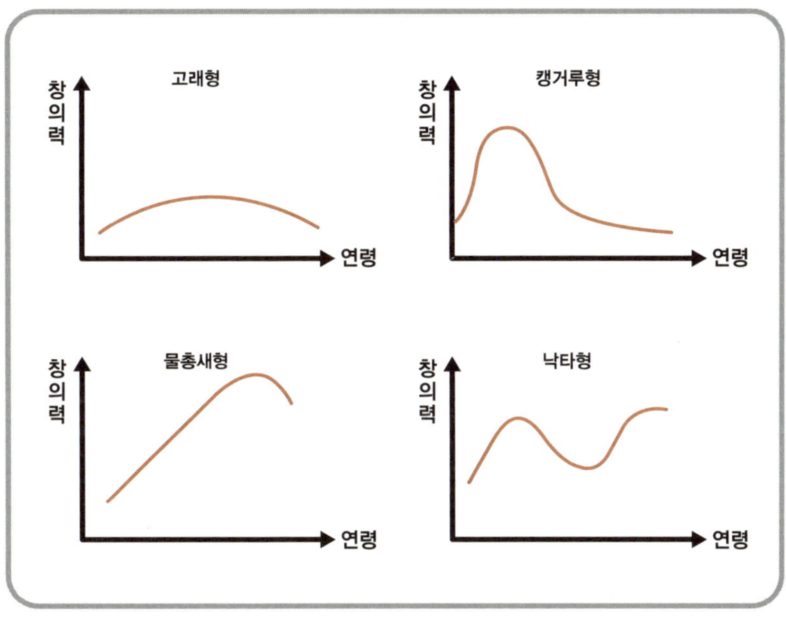

창의 본능의 첫 번째 유형은 고래형이다. 이 유형의 사람은 고래의 등처럼 창의 본능 곡선이 높지 않을 뿐 아니라 변화도 완만하다. 아직 자신의 창의 본능을 발견하지 못한 상태이므로 창의 본능의 계발을 위해 아무런 노력도 하지 않는다는 걸 의미한다. 따라서 남들 다 하는 상식적인 수준에서 삶을 살기 때문에 약간 불행할 수도 있는 패턴이다.

두 번째 유형은 캥거루형이다. 캥거루처럼 몸체가 급격히 올라가거나 이내 수그러들어서 긴 꼬리로 이어지는 커브를 그린다. 이런 유형은 창의 본능 유무와는 상관없이 청년기에 뛰어난 창의력을 보인다. 그러나 그것만 믿고 지속적으로 자신의 창의 본능을 계발하는 데 게을리 하면 이내 창의력이 평범한 수준으로 떨어진다.

세 번째 유형은 물총새형이다. 물총새는 하늘을 날면서 물속에서 헤엄치는 물고기를 잡는 능력을 가지고 있다. 기본적인 실력은 있지만 창의력이 보통 수준을 벗어나지 못해 획기적인 아이디어가 아닌, 혹독한 자기계발을 통해 고정 관념의 알을 깨고 나오게 된다. 알을 깨고 나온 후에도 지독한 연습을 통해 하늘을 날고 새로운 것을 사냥하는 능력을 연마하는 패턴이다.

네 번째 유형은 낙타형이다. 쌍봉형 낙타는 등에 봉우리가 두 개다. 초기에는 아무도 따라오지 못할 정도로 뛰어난 창의력을 보이지만 어느 순간 하강하게 된다. 그러나 하강하면서 자신의 노력과 학습이 더해진다면 다시 한 번 창의 본능을 키워나갈 수 있다. 그동안 다양한 기업에서, 다양한 계층의 사람들을 만난 나의 경험상 창의적인 사람보다 창의적이지 못한 사람이 몇 배나 더 많음을 발견할 수 있었다. 두각을 나타낼 만한 창의력을 발휘하지 못하는 고래형이 약 80%, 나머지 세 유형(캥거루, 물총새, 낙타)을 합친 사람이 약 20% 정도였다.

당신의 두뇌를 경영하라

사람은 하루에 평균 5만 건 정도의 생각을 한다. 이 중 70% 정도가 부정적인 생각들이고 긍정적인 생각은 30% 정도밖에 되지 않는다. 물론 나는 긍정의 힘을 믿는 긍정적인 사람이기 때문에 부정적인 평균치에 해당하지 않는다고 생각하는 사람도 있을 것이다. 그러나 당신의 아침을 한 번 상상해 보자.

"너무 피곤하다. 꼭 출근해야 할까?"
"왜 이렇게 차가 막히는 거지? 어디 끼어들고 있어? 나도 바뻐!"
"어려운 일은 꼭 나한테만 생겨."
"왜 화나게 만드는 거지?"

혹 이런 불만들 중에서 하루 일과를 시작하지 않았나? 부정적인 생각이 끊임없이 생기는 사람은 스트레스를 쌓는 사람이다. 약간의 스트레스는 생존의 중요한 기억을 뇌에 새기는 역할을 하지만 과도한 스트레스는 부정적인 이미지를 뇌에 새겨 두뇌를 망가뜨린다. 두뇌 학자 이언 매큐언(Ian McEwan)은 "만성 스트레스 상태가 오래 지속되면 뇌 세포가 자살하는 현상이 생긴다."라고 한다. 만성 스트레스가 뉴런을 죽이고 시냅스를 부식시키기 때문에 시냅스의 연결능력을 저하시킨다는 것이다. 심한 스트레스를 받거나 과도하게 흥분된 상태가 지속되면 아무 생각도 나지 않는 것도 바로 이 때문이다. 과도한 스트레스에서 스스로 벗어나는 방법을 찾아야 할 때인 것이다. 음악, 가벼운 운동, 산책 등은 이럴 때 필요하다. 마음을 차분하게 다스려준다.

나이가 들수록 신체를 이루고 있는 세포는 점점 스트레스에 대응하는 능력을 잃기 시작한다. 세포가 노화되면 에너지 소모가 많아지고 과잉 흥분에 대한 저항력도 약해진다. 뇌에서 세포가 스트레스를 받아서 뉴런이 서서히 파괴되면 시냅스가 시들해져서 그 크기가 줄어든다. 이렇게 시냅스 기능이 점점 약화되면 여기저기에서 연결작용이 끊어져 기억력이 약해진다. 시냅스 활동이 감소하고 수상돌기가 안으로 수축됨에 따라 뇌에 영양을 공급하는 모세혈관이 줄어들어 혈액의 흐름도 원활하지 않게 된다. 혈액이 산소와 연료, 성장촉진체, 손상 복구 물질을 공급해주지 않으니 세포는 죽음을 맞을 수밖에 없다.

점점 나이가 들면 새로 태어나는 뉴런의 숫자보다 죽어가는 뉴런의 숫자가 더 많아지고 새로 태어난 뉴런도 사용 가능한 뉴런이 되는 비율도 줄어든다. 뇌 의학자들이 쥐를 대상으로 실험한 결과로 추정해보면 뉴런이 사용 가능한 뉴런으로 성장할 비율이 30세가 25%라면 50세는 8%로 대폭 줄어든다고 한다. 그러므로 자기계발이나 운동으로 꾸준하게 두뇌를 훈련해야 뇌 세포의 죽음을 막을 수 있고, 다시 재생되는 뇌 세포를 늘릴 수 있다.

중심을 벗어나 넓게 보라

창의력을 키우는 데 가장 걸림돌이 되는 말은 바로 이런 말이다.

"그건 아무 관계가 없잖아!"

대부분 상당히 논리적인 사람들이 이런 실수를 범한다. 언뜻 아무런 관계가 없어 보이는 것들끼리의 관계성에 눈길을 전혀 주지 않기 때문에 일어나는 현상이다. 하지만 우리가 사용하는 것들의 대부분은 설명할 수 없는 비논리성에서 출발했다는 것만은 반드시 기억해야 한다. 정확하게 논리적으로 분석해서 새로운 것을 발명하거나 발견한 사례는 오히려 드물다.

서로 관계가 없어 보이는 것들에 관심을 갖고 조금씩 관계성을 부여하다 보면 그 틈만큼 발상이 부풀어올라 과거에는 생각지도 못했던 뜻밖의 관계를 발견할 수 있는 순간을 맞이할 수도 있다. 하지만 논리만 따지거나 서로 충돌하는 것들의 관계에 대한 중요성을 모르는 사람들은 사고의 자유를 잃었거나 잃고 있는 상태인 것만은 분명하다. 대화가 자신이 전혀 고려하지 않았던 방향으로 전개되면 이런 유형의 사람은 이렇게 말하며 대화를 중단시킨다.

"잠깐만요, 죄송하지만 이거 하나만 짚고 넘어가죠. 지금 이게 우리가 고민하고 있는 문제와 무슨 관계가 있죠?”

물론 관계가 없을 수도 있다. 새로운 사고를 하는 사람의 입장에서는 관계성이 있어 보이지만 논리만 추구하는 사람의 눈에는 관계가 보이지 않을 수도 있다.

가령 “불황일수록 미니스커트가 유행한다.”라는 말은 잘 알려져 있다. 이는 전혀 논리적이지 않다. 하지만 논리적인 사고로도 밝혀낼 수 있다. 이런 사실을 발견하기 위해서는 모든 것을 받아들일 수 있는 관계에 대한 포용력을 지니고 있어야 한다. 직접 밖으로 나가 경제 상황에 따른 사람들의 복장을 살펴보면서 어떤 차이가 있는지를 연구해 스스로 하나의 의견을 만들어야 한다. 이럴 때도 논리적인 성향이 강한 사람은 “도대체 사람들이 옷을 입는 거랑 불경기가 무슨 관계야?”라며 분석하는 것조차 부정적으로 받아들인다. 대중의 트렌드를 읽겠다며 신문을 열심히 들여다보고, 책을 읽어도 그것들은 이미 누군가에 의해 밝혀진 의견에 불과하다. 그에게 필요한 건 누군가의 의견이 아니라 자신의 의견이다. 그렇다면 지금 당장 밖으로 나가 세상을 보라. 직접 관찰해 보면 조금씩 관계를 바라보는 시선이 달라질 것이다. 그리고 원래 주제와는 아무런 관계도 없지만 뜻밖에 주목할 만한 관계성을 발견하게 될 것이다. 논리적으로 사물의 본질과 중심을 파악하는 것도 중요하지만 그 주변을 넓게 살펴볼 수 있는 시선은 여전히 미완의 상태로 남겨진, 아직 밝혀지지 않은 숨겨진 관계성을 발견할 수 있는 모티프가 된다.

창의 천재는 만들어진다

"하면 된다!"가 창의 본능으로 이끈다

불현듯 하루를 뒤돌아보면 수많은 핑계가 나의 하루를 변호했음을 발견할 수 있을 것이다. '출근이 늦은 것은 버스가 오늘 따라 늦게 왔기 때문일 뿐이고, 기획안을 제대로 작성하지 못한 것은 잡무가 너무 많았기 때문일 뿐이고…….' 결국 이루지 못한 것들에 대한 핑계일 뿐이다. 핑계만 무성한 사람은 결국 거대한 핑계 더미에 깔려 패배할 수밖에 없다. 지금 우리에게 필요한 것은 논리적인 핑계가 아니라 비논리적인 창의 본능이다. '성과주의는 비인간적이다.' '아웃소싱을 강화한다는 건 결국 해고하겠다는 것 아닌가?' 하는 생각조차 핑계다. 안전한 곳에서 평생 편안한 삶을 살고 싶다는 안이한 생각이 부른 핑곗거리일 뿐이다. 물론 생각의 자유가 있고, 불평등에 항의할 자유도 있다. 그것이 전부가 되면 곤란하다. 핑계를 대고 항의할 때도 시간은 흐르고 있으며, 경쟁자들은 앞서 나가고 있다. 결코 바람직한 상황이 아니다.

일본 마츠이 증권사는 증권 회사인데도 영업을 일절 하지 않는 것으로 유명하다. 이런 결정을 내린 사람은 다름 아닌 사장인 마츠이 미치오다. 처음에는 직원들이 반발했다. 그동안 영업으로 많은 고객을 유치했기에 반발은 심했다. 하지만 사장은 영업자들의 임금 때문에 고객이 부담해야 하는 수수료가 늘어났다고 판단해 영업 직원과 지점을 없앴다. 당시 많은 사람들은 마츠이 증권사가 그렇지 않아도 좋지 않은 상황에 이런 결단을 내린 것은 결국 회사를 망하게 할 것이라고 예상했다. 하지만 예상은 보기 좋게 빗나갔다. 지점을 없애고, 콜센터에서 전화로 고객을 상대하는 영업이 시대 흐름과 맞아떨어져 대성공을 거둔 것이다.

대부분의 사람들은 증권사에서 영업 직원과 지점은 반드시 필요한 것이라고 생각한다. 그래서 아무리 회사가 어려워도 그것만은 포기해서는 안 된다는 고정관념도 있다. 그러나 마츠이 미치오 사장은 전혀 다른 생각으로 위기를 극복했다. 바로 고객 입장에서 생각한 것이다. 고객 입장에서 자신이 내는 수수료가 많은 건 그만큼 증권사의 덩치가 필요 이상으로 크기 때문이다. 그래서 그는 불필요한 규모를 줄이고 비용이 들지 않는 효과적인 영업 방법인 콜센터를 찾아낸 것이다.

뭔가 특단의 조치를 취해야 할 때 많은 사람들이 "그건 실패할 가능성이 크다.”며 만류한다. 뿐만 아니라 가지고 있던 것을 완전히 버리지도 못하고, 잠시 옆에 미뤄놓고 새로운 것이 성공했을 때 버리려 한다. 새로운 일에 대한 가능성을 낮게 보기 때문이다.

모든 일을 시작할 땐 분명히 “된다!”라고 생각하고 일을 해야 한다. 만약 마츠이 사장이 성공할 수 있다는 확신을 가지지 못했다면 고객의 마음으로 헤아릴 수 없었을 것이고, 영업 직원과 지점을 없애야 한다는 생각도, 콜센터도 생각하지 못했을 것이다.

새로운 일을 시도해야 할 땐 우선 그 일이 반드시 이뤄질 수 있다고 생각하고 시작해야 한다. 그 지점에서 새로운 아이디어가 떠오른다. 여기서 창의력이 시작된다.

세계 최고 기업의 CEO는 43세!

미국 경제 주간지 〈비즈니스 위크 Business Week〉는 2009년 10월에 세계 최고의 기업으로 닌텐도(Nintendo)를 꼽았다. 일본의 게임 회사가 미국의 IT 기업인 구글(2위)과 애플(3위)을 앞선 것은 처음 있는 일이었다. 120년 전 화투(花鬪)를 만들며 성장했던 회사를 세계 최고의 기업으로 만든 사람은 이와타 사토루(岩田聰)다. 그는 홋카이도(北海道) 출신으로 1982년 도쿄 공대 정보공학과를 졸업한 평범한 엔지니어에 불과했지만 35세에 거대 기업 닌텐도의 사장이 됐다.

이와타 사토루는 컴퓨터공학을 전공하고, 세이부 백화점의 컴퓨터 코너에서 각종 부품과 프로그램을 가지고 놀던 컴퓨터 마니아였다. 그러다 백화점 직원의 소개로 적성과 전공에 맞는 컴퓨터 관련 업체인 할(HAL) 연구소에 들어가게 됐다. 그는 이곳에서 숙식하며 게임 개발에 몰두했지만 눈에 띄는 성과를 얻을 수 없었다. 영업하는 사람이 없어서 아무리 기상천외한 것을 만들어봤자 팔리지 않아서 수익을 낼 수 없었다. 연구소는 경영보다 개발에 치중한 나머지 재정 상태가 갈수록 나빠졌다. 이와타는 이 문제를 해결하기 위해 영업 전선에 뛰어들었다.

이와타가 할 연구소에서 개발에 전념할 때만 해도 게임 산업의 지존은 단연 닌텐도였다. 페미콤 열풍으로 모든 개발자들이 선망했던 닌텐도는 이와타를 비롯한 할 연구소의 젖줄과도 같았다. 24세의 젊은 청년 이와타는 옷 매무새를 가다듬고 닌텐도 본사 문을 열고 들어갔다. 젊은 청년의 패기와 도전 의식과는 별개로 닌텐도는 이렇다 할 실적도 없는 회사와 게임 개발 계약을 할 이유가 없었다. 까다롭기 그지없는 닌텐도의 라이선스 정책과는 전혀 부합하지 않는 할 연구소는 당연히 퇴짜를 맞았다.

그러나 회사의 생존 문제와 주체할 수 없는 열망으로 가득 찼던 이와타는 포기하지 않고 끈질기게 설득해 정식 라이선스 계약은 아니지만 외주 형식으로 게임 개발을 승낙받았다. 이와타로서는 놓칠 수 없는 기회였으나 닌텐도는 완전히 신뢰할 수 없었던 그에게 난이도가 높은 게임의 개발을 주문했다. 작은 컴퓨터 회사에 불과했던 할 연구소가 하기에는 벅찬 과제였다. 한마디로 스스로 한계를 깨닫고 물러나라는 신호였던 셈이다.

그러나 이와타는 시험 아닌 시험을 보기 좋게 통과한다. 맡은 일을 완벽하게 수행한 이와타는 닌텐도에서 '슈퍼 프로그래머'란 별명까지 얻었다. 세계 최고의 게임기와 소프트웨어를 만들어내는 닌텐도에서 인정받는다는 것은 이와타에게도 더없는 기쁨이었다. 이와타의 진면목을 알게 된 닌텐도는 마침 난관에 부딪혀 헤매고 있던 게임 프로젝트를 그에게 맡겼다. 당시 닌텐도의 개발 관리자들은 '머더2'라는 게임 프로그래밍이 난항을 거듭하는 바람에 골머리를 앓고 있었다. 거의 포기하려던 차에 닌텐도 개발실에서 컴퓨터 솜씨를 뽐내고 있던 변방의 괴짜에게 이 일을 맡겨 보기로 한 것이다. 닌텐도는 이와타에게 "이 일을 언제 완성할 수 있겠냐?"라고 물었다. 이와타는 확신에 찬 목소리로 "당신들이라면 3년 걸릴 일을 나는 1년 만에 끝낼 수 있다."라며 호언장담했다. 그는 불가능해 보였던 약속을 완벽하게 지켰을 뿐 아니라 골칫덩어리였던 게임을 30만 개 이상 팔릴 정도로 훌륭한 상품으로 변신시켰다.

이쯤되자 이와타의 활약상은 자연스럽게 야마우치(山口) 회장에게 알려졌다. 34세에 경영난에 빠진 할 연구소 사장이 돼 최고의 게임 소프트웨어 회사로 키운 이와타의 능력을 야마우치 회장은 간과하지 않았다. 이와타를 기획실장으로 전격 영입했다. 닌텐도가 소니(Sony)와 마이크로소프트(MS)에 밀려 위기에 빠지게 되자 더 이상 버틸 수 없다고 판단한 야마우치 회장은 다시 이와타를 닌텐도 사장으로 선임했다. 이때 이와타의 나이는 43세였으며 일본 재계가 놀랄 정도로 획기적인 발탁이었으나 정작 이와타 자신은 아무 상관없다는 듯 제품 개발에만 몰두했다. 사장으로 취임한 지 3년 만에 '닌텐도 DS'가 발매돼 1억 대가 팔렸고, 다시 2년 뒤에 발매된 '위(Wii)'는 5천만 대가 팔리면서 메가 히트를 쳤다. 창의력 천재 이와타가 위기에 처해 있었던 닌텐도를 세계 최고의 기업으로 올려놓은 것이다.

레오나르도 다빈치의 서른 법칙

고려대 통계학과 박유성 교수는 '성별·사망원인별·연령별로 조정한 인구 예측'이라는 연구 보고서에서 출산율이 현재 수준을 유지하고 의학이 현재 속도로 발전한다면 우리나라는 2017년쯤 고령 사회에 들어서고, 2024년 초고령 사회로 진입하게 된다고 한다. 여기서 초고령 사회를 논하는 이유는 살아갈 날이 많이 남았다는 것을 강조하고 싶어서다. 우리를 불안하게 하는 것은 살아갈 날은 많은데 고용이 상당히 불안하다는 것이다. 오래 사는 데 비해 짧게 일해야 한다. 이미 거론했지만 서른은 다가올 나머지 삶을 결정 지을 수 있는 중요한 시기다. 서른에 창조 본능을 깨우지 못하면 남은 인생은 생각만큼 밝지 못할 수 있다.

"10년 혹은 20년 뒤에는 지금과 달라져 있을 자신이 있는가?"

마냥 잘될 거라는 무모한 자신감으로 살아가고 있다면 나약함의 고리를 끊어야 할 때가 왔다. 서른에 시작해서 화려하고 만족할 만한 인생을 살겠다는 각오가 필요한 시기가 됐다. 여기 서른까지는 볼품없는 삶을 살았으나 서른 이후에는 완전히 달라진 삶을 살게 된 위대한 과학자가 있다.

그는 1452년 4월 15일 이탈리아 피렌체의 시골마을 빈치에서 공증인 세르 피에르와 농사꾼의 딸 카테리나의 사생아로 태어났다. 명망 있는 가문의 장남이었지만 서자라는 신분 때문에 대학에 갈 수도, 제대로 된 교육도 받을 수 없었다. 네 번이나 결혼한 아버지 때문에 13명의 이복동생이 있었고 아버지의 무관심 속에 조부모와 숙부 프란체스코의 손에 키워진 그의 삶은 서른이 돼도 뒤죽박죽이었고 뭐 하나 제대로 풀리는 게 없었다.

그의 이름은 레오나르도 다빈치. 되는 것 없는 고통스러운 젊은 날을 보내던 다빈치는 서른 무렵 '자신을 알리고 싶다는 강한 욕구'에 사로잡히게 된다. 그래서 다빈치는 밀라노의 세력가인 스포르차 공작에게 자신이 기계, 건축, 군사기술 전문가라는 것을 강조하며 그림과 조각에 소질이 있다는 내용의 자기소개서를 보냈다. 다빈치는 공작의 집에 머물며 자신을 알릴 수 있었다. 실제로 다빈치의 전성기는 그곳에 머문 서른의 노력 덕분에 찾아온 것이었다. 서른에 궁정의 무대 설계자와 음악가로 일을 시작한 그는 직접 만든 수금을 연주하며 뛰어난 노래 솜씨로 사람들을 사로잡았다.

예수가 자신의 제자 중에 배신자가 있음을 알리는 '최후의 만찬'과 성 프란체스코 성당의 제단화 '어두운 동굴 속의 성모' 같은 초기 걸작을 완성한 것도 이때였다. 또 당시엔 밀라노 시민들이 흑사병으로 많이 사망했는데 다빈치는 시민들을 구하기 위해 위생적인 하수처리 시설을 만들기도 했다. 전용도로까지 갖춘 이상 도시를 설계한 혁신적인 건축가로, 성당의 돔 설계 작업에 참여하는 공학도로 명성을 얻으며 전천후 지식인으로 활동했다.

다빈치의 삶은 서른까지 뭐 하나 내세울 게 없는 인생이었다. 하지만 그는 자신만의 도서관을 가지고 늘 책을 끼고 살 만큼 지독한 독서광이었으며, 손바닥만한 종이에 왼손으로 6천 점이 넘는 쪽지를 쓸 정도로 많은 메모를 남겼다. 거기에는 수학, 건축학, 음악, 문학, 철학은 물론 강물과 구름의 움직임, 새가 나는 법, 동물과 인체 해부학, 별들의 운행, 식물의 생장 등 관찰하고 연구한 내용들이 실려 있었다. 말년에 그를 만난 프랑스 국왕 프랑수아 1세는 그보다 더 현명한 사람은 이 세상에 없다고 단언할 정도였다.

"밑그림을 그리는 일은 거장의 몫이고, 그것을 실행에 옮기는 일은 하수의 몫이다."

레오나르도 다빈치가 불멸의 노트에 기록했던 말이다. 이것을 우리 시대로 옮기면 '거장'은 30대를 창의적으로 통과한 사람이고 '하수'는 매일 과중한 업무에 시달리며, 술을 마시고 일에 대한 고민을 안은 채 잠들고, 아침이면 엄청난 스트레스로 괴로워하는 사람일 것이다. 다빈치가 인류에 괄목할 만한 업적을 남기고, 누구보다 현명하고 창의적인 사람으로 살 수 있었던 것은 서른의 나이에 변화를 꾀했기 때문이다. 서른에 자신을 알리고 싶은 강렬한 욕구가 없었다면 우리는 인류사에서 가장 위대한 과학자를 만날 수 없었을지도 모를 일이다.

기업가의 창의력

창의력은 상상력(想像力)을 기반으로 하지만 무조건 상상한다고 되는 것도 아니다. 창의력을 기르기 위해서는 기술적 혹은 예술적인 구현력이 필요하다. 창의력을 구현하는 사람은 예술가, 기술자, 기업가 등 세 가지 유형이 있다. 예술가는 자신의 상상력으로 차별화된 작품을 창의한다. 예술가들은 차별성으로 그 가치를 인정받는다. 그러나 기술자들은 자신의 상상력으로 차별화된 기술을 개발하지만 예술가와는 달리 자신의 기술을 입증할 수 있어야 한다. 그래서 기술자들은 차별화된 기술을 특허하는 형식으로 인정을 받는다. 그러나 기업가(企業家)는 차별화된 상품(서비스)을 만들어야 한다. 그리고 이 상품은 고객들에게 구매로 인정받을 수 있는 유용한 것이어야 한다. 기업가적인 창의력은 오롯히 혼자 힘으로 구현 가능한 게 아니라 기획, 개발, 생산, 마케팅 등 팀워크를 이루는 집단 창의력이 요구된다. 이렇게 기업가적 창의력으로 새로운 가치를 만들어 내는 사람을 창의 천재라 부른다. 창의 천재는 강력한 상상력으로 미래의 가치를 상품(서비스)으로 만들어서 성공으로 이끄는 사람이다.

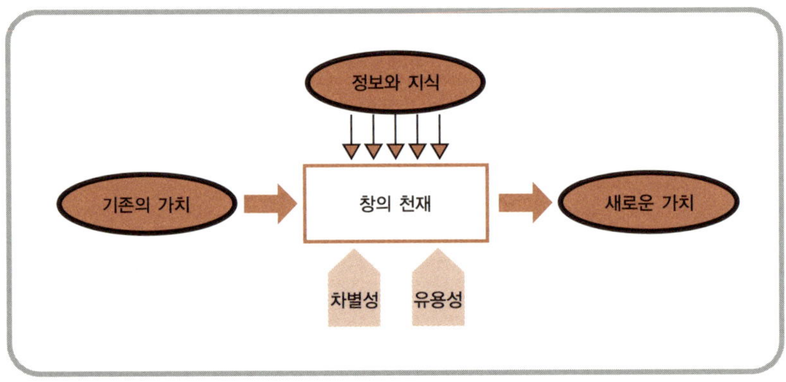

매키넌(D. Mackinnon)이 정리한 창의적인 사람의 특성은 다음과 같다.

· 틀에 박힌 양식을 싫어한다.

· 보통 이상의 지능을 가진다.

· 언어 지각력과 공간 지각력이 높다.

· 이해력이 뛰어나고 삶의 경험을 잘 활용한다.

· 예리한 관찰력과 분별력을 가지고 있다.

· 자기 표출 의욕이 강하다.

· 새로운 경험에 대해 개방적이다.

· 스스럼 없이 자신의 감정과 느낌을 잘 표현한다.

· 어떤 일에 대해 판단하기보다는 감지하는 것을 더 선호한다.

· 지성과 감성을 함께 지니고 있다.

· 독립적으로 판단하고 사고하는 경향이 있다.

· 하찮은 일에 연연하지 않고 의미에 관심을 둔다.

· 도전적이고, 애매하고, 복잡한 일을 좋아한다.

· 긍정적이고 자신감이 있다.

한국 CEO들의 창의 본능

모차르트가 신의 손을 가진 듯 곡을 술술 써내려갔을 것이라는 생각
은 오해다. 그는 서른 살에 접어들면서 '너무나 오랜 시간' 동안 곡을
쓰느라 펜을 쥐고 있던 손이 기형이 될 정도였다. 그런 그가 우리가
모르고 있었던 모차르트의 실제 모습이다. 물론 그는 남들 이상의 재
능을 타고났다. 그러나 그의 재능에 불을 붙인 것은 상상을 뛰어넘는
그의 노력에 있다. 이런 노력이 당신의 창의 본능을 일깨우는 데 도움
을 줄 것이다. 현재 한국 기업을 이끌고 있는 기업의 CEO들도 마찬가
지다. 그들이 좋은 환경에서 자라서, 이미 잘 되고 있는 회사를 물려

받아 지금의 자리에 있는 게 아니다. 무엇보다 그들은 창의 본능에 대한 열정이 강하다.

3일씩 잠도 자지 않고 일만 하기로 유명한 샐러리맨이 있었다. 사람들은 그의 건강을 걱정했지만 그는 아랑곳하지 않았다. 그러던 어느 날 얼굴에 종기가 생긴 그는 병원 갈 시간조차 아까워 인두로 피부를 지져가며 일을 했다. SK그룹 손길승 명예회장의 이런 노력은 창의 본능에 불을 지폈고, 평범한 샐러리맨에서 최고경영자의 자리에 오를 수 있었다.

전 삼성전자 한용외 생활가전 총괄사장의 주목할 만한 통제력은 두고두고 회자된다. 늦은 시간, 이미 스무 잔이 넘는 폭탄주를 마신 그에게 회식 참석자 중 한 명이 질문을 했다. 그는 들고 있던 술잔을 내려놓고 안주머니에서 수첩을 꺼내 질문을 적고는 며칠, 몇 시에 답변 전화를 주겠다고 했다. 질문한 사람은 반신반의했다. 그가 메모를 한 것도 놀라운 일이지만 설마하니 전화를 할 리가 없었다. 그러나 한용외 사장은 약속한 시간에 정확하게 전화로 질문에 답변했다.

현대캐피탈 이계안 전 회장은 지금도 새벽 4시 40분에 일어나서 책을 읽는다. 최고경영자 시절에도 한 달 평균 30권가량의 책을 읽었던 그다. 젊은 시절에는 운전하면 독서할 시간이 없을 것 같아 지하철을 이용했다. 요즘도 책상에 앉아서 볼 책, 침대에 누워서 볼 책, 차 안에서 볼 책 등 읽을 책 종류를 나눠서 손에 쉽게 잡을 수 있는 위치에 둔다. 남다른 독서광일 뿐 아니라 생활의 포커스를 독서 위주로 계획한 것이다. 이처럼 창조 본능에 대한 CEO들의 열정은 놀랄 정도로 지독하다. 이런 노력이 없었다면, 그들처럼 서른에 철저한 자기통제를 통해 창의 본능을 관리하지 않았다면 최고경영자로서 활동할 수 없었을 것이다. 나이가 서른을 넘기면 병원에서 몸을 검진해야 하는 횟수가 늘어난다. 그러나 몸뿐 아니라 자신의 창의 본능도 검진해야 하는 이유가 여기에 있다.

창의 천재는 타고나는 게 아니다

창의력으로 성공적인 삶을 산 사람은 본래 그런 성향을 타고나는 게 아니다. 그래서 인간이 공평한 것이다. 스타벅스(Starbucks)의 하워드 슐츠 사장은 가정 환경이 좋지 않아 뉴욕의 할렘가인 브루클린에서 어렵게 살았다. 고등학교 때 미식축구 선수였으나 가정 형편이 어려워 대학 진학을 포기했다가 미식축구 장학생으로 대학에 입학하고 졸업 후엔 복사기로 유명한 제록스에 세일즈맨으로 취직했다. 제록스는 사원 교육을 잘하는 회사로 유명했다.

하워드 슐츠는 제록스에 입사하면서부터 체계적인 비즈니스 교육을 받고 영업도 하면서 실력과 영업적인 측면에서 두각을 나타내기 시작한다. 남들보다 빠르게 지역 책임자가 됐고, 계속 상승하는 영업 실적은 서서히 그의 이름을 세상에 알리기 시작했다. 유럽의 한 주방기구 회사가 미국에 진출하기 위해 영업 책임자를 찾고 있던 중 하워드 슐츠의 활약상을 접하고 그를 미국 책임자로 영입한다.

주방기구 미국지사의 책임자가 된 하워드는 지역별 판매실적을 분석하다가 시애틀 소재 커피숍에서 자사 제품을 여러 개 구매한 사실을 알고 그곳을 찾아간다. 그곳이 바로 그의 운명을 바꾼 스타벅스다. 당시의 스타벅스는 커피 원두를 블렌딩해서 판매하는 곳으로 원두커피를 집에서 즉석으로 마실 수 있는 도구를 판매하고 있었다. 하워드는 그곳에서 커피의 매력에 빠졌다. 잘 다니던 회사의 부사장직을 내던지고 당시로선 별볼일 없는 스타벅스로 자리를 옮겼다. 지금의 그를 만든 거대한 커피의 바다에 뛰어든 것이다.

하워드는 스타벅스에서 일하면서 이탈리아에서 개최된 커피 박람회에 참가할 기회가 있었다. 이탈리아에 있는 한 호텔에서 커피 박람회로 가는 도중, 길거리에 있는 이탈리아 식 카페를 보면서 강한 충격을 받았다. 따뜻한 햇빛이 넘치는 테라스의 파라솔 아래서 평화롭게 커피를 마시며 대화를 나누는 모습이 너무 인상적이어서 자신도 모르게 카페로 들어간 것이다. 카페는 바(Bar) 스타일의 테이블 위에서 바리스타(Barista)가 주문받은 커피를 즉석에서 만들어주는 곳이었다. 즉석에서 주문으로 만들어지는 카푸치노 커피 한 잔은 그의 창의 본능을 자극하기에 충분했다. 미국의 여느 레스토랑에서 마셨던, 오랫동안 길들여져 있었던 커피 맛과는 전혀 다른 맛이었고, 카페의 스타일 또한 달랐다. 이 날의 경험은 그의 상상력을 촉발하는 기폭제가 됐다.

　그날 밤, 호텔로 돌아온 그는 새로운 커피 문화를 만들 수 있는 꿈의 설계도를 작성했다. 미국에 돌아온 즉시 스타벅스 설립자에게 자신의 새로운 카페에 대해 설명했다.

　"스타벅스가 질 좋은 커피원두만 판매할 게 아니라 이탈리아 카페처럼 방식을 바꾸면 좋겠습니다."

　그러나 설립자의 태도는 단호했다. 그는 지금까지 해오던 대로 원두만 팔겠다는 고정관념이 확고했다. 하워드는 꿈의 카페를 반드시 해보고 싶었다. 곧바로 사업계획서를 작성해 투자자를 찾았다. 투자자들은 즉석에서 그에게 투자하기로 결정했고, '일 지오나레'라는 이탈리아 식 카페를 시작했다. 그렇게 시작한 하워드 슐츠의 일지오나레는 번창을 거듭했고 원두 판매를 고집하던 스타벅스는 쇠퇴의 길을 걸었다. 하워드 슐츠는 다시 투자자들을 설득해 280만 달러를 추가로 투자받았고, 그 돈으로 스타벅스를 인수했다. 그리고 스타벅스를 자신이 꿈꿨던 이탈리아 식 카페로 바꾸기 시작했다. 스타벅스는 질 좋은 원두커피 생산과 함께 감성을 갖춘 오늘날의 스타벅스 형태를 갖추게 된다. 하워드 슐츠가 맨손으로 커피의 바다에 뛰어든 지 10년 만에 커피의 신대륙에 도달한 것이다. 하워드는 서른을 전후로 제록스에서 창의 본능을 키웠고, 주방기구 회사에서도 이를 충분히 활용하는 방법을 터득했다. 스타벅스 직원 시절에도 일을 하면서 자연스럽게 길러진 창의 본능으로 세계 굴지의 기업을 일궈냈다.

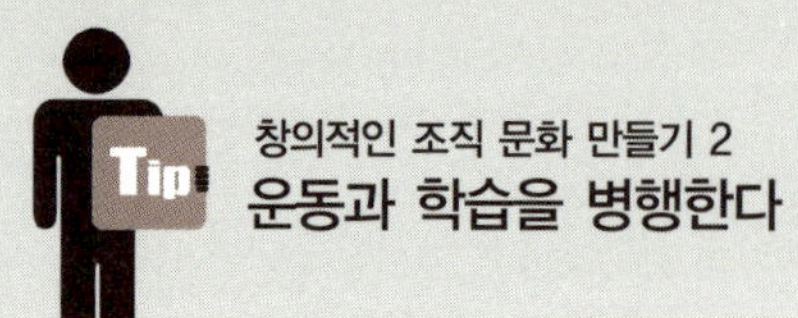

운동을 하면 자연적으로 몸이 건강해지지만 머리도 건강해진다. 하버드 대학의 존 레이티 교수는 "누구나 운동하면 기분이 좋아진다는 사실을 알지만 도대체 왜 그런지 아는 사람은 별로 없다. 그저 스트레스가 사라져서 혹은 뭉친 근육이 풀어지거나 엔도르핀 수치가 높아져서 그럴 것이라 짐작할 뿐이다. 하지만 운동하면서 유쾌한 기분이 드는 진정한 이유는 운동으로 혈액이 뇌에 공급되면서 뇌가 최적의 상태가 되기 때문이다."라고 말한다. 참으로 흥미로운 연구결과가 아닐 수 없다. 운동으로 근육이 발달하고 심장과 폐의 기능이 개선되는 것은 부산물에 불과하다. 그래서 나는 종종 말한다. "운동을 하는 진정한 목적은 뇌의 구조를 개선하는 것"이라고.

운동이 머리가 좋아지는 것이라면 운동선수의 머리가 가장 좋을까? 운동이 두뇌에 좋은 영향을 미치는 것은 사실이지만 지나친 운동은 오히려 근육과 뇌 세포에 피로를 누적시켜 두뇌 활동에 도움이 되지 않는다. 운동은 한 번에 30분 정도만 하는 게 가장 이상적이다. 그런 다음, 곧바로 학습을 해야 두뇌 활동이 왕성해지고 뇌 세포 증식 효과도 있다. 마치 비빔밥처럼 운동과 학습을 믹스해서 매일같이 노력한다면 학습 효과가 높아지고, 시냅스 연결력이 발달해 창의 본능이 강화될 수 있다.

잘못된 음주문화도 문제다. 제품을 싸게, 많이, 만들기 위해 운동선수처럼 무리한 생산활동을 하기도 하고 야근과 특근을 반복하다 보니 직원들의 피로감은 극에 달하고, 회사는 이를 풀어준다는 명목으로 회식 자리를 마련해준다. 오랜만에 회식 자리가 생기니 직원들은 과음하고 어김없이 폭탄주가 등장한다. 필름이 끊어질 정도로 술을 마시고 힘든 일들을 잊어버리려 하지만 실제로는 스스로 자신을 파괴하고 있는 것이다.

3D 애니메이션 영화제작사인 픽사(Pixar)는 직원의 창의력을 소중하게 생각한다. 회사 건물을 지을 때부터 되도록 직원들이 많이 움직일 수 있도록 설계한다. 우편함이나 식당을 건물 중앙에 배치해 모든 직원이 하루에도 몇 번씩 일정 이상의 거리를 이동할 수 있도록 하고 있으며 사내에 다양한 체육 시설을 만들어 항상 운동할 수 있는 환경을 조성한다. 또 사내에 교육 센터를 만들어 직원들이 일뿐 아니라 교육도 받을 수 있도록 배려한다. 3D 애니메이션 영화는 첨단 기술과 뛰어난 감성을 믹스해야 하므로 직원들이 매주 교육해야 한다. 모든 직원은 일주일에 4시간 이상 교육을 받아야 하는데 교육도 자신의 전문 분야가 아닌 상반적인 부문을 교육받게 된다. 엔지니어는 자신들에게 부족한 감성 교육을, 디자이너들 역시 그들과는 생소한 기술 교육을 받는다.

실제로 교육장에서는 CEO부터 촬영 스태프에 이르기까지 모든 직원이 한 곳에서 교육을 받고 정보와 지식을 나누는 것을 목격할 수 있다. 애니메이션 영화의 거대 기업은 월트 디즈니지만 3D 애니메이션에서는 픽사가 단연 두각을 나타낸다. 〈토이 스토리〉, 〈벅스 라이프〉, 〈니모를 찾아서〉, 〈인크레더블〉, 〈카〉 등 세계 최고의 3D 애니메이션 명작들은 모두 픽사의 산물이다. 비록 픽사는 월트 디즈니보다 규모는 작지만 3D 애니메이션 부문에서는 최고의 자리를 유지하고 있다. 조직의 집단 창의력이 향상되면 거대 기업도 할 수 없는 창의적인 작품을 만들어낼 수 있다.

2장
창의 천재를 만드는 서른 법칙

Creativity Instinct

1 예술로 감성을 깨운다

스티브 잡스의 부활

세계에서 가장 창의적이고 혁신적인 기업 중 하나로 애플(Apple)을 꼽을 수 있다. 하지만 한때 애플도 망해가는 기업 중 하나였다. 위기의 애플을 오늘날 최고의 기업으로 바꾸어 놓은 사람은 다름 아닌 스티브 잡스였다. 그는 애플 설립자이지만 기술 맹신과 독선으로 자신이 만든 회사에서 추출된 풍운의 남자다. 애플에서 축출된 10여 년 동안 이런저런 회사를 만들어서 재기를 꿈꿨는데 그 중 스티브 잡스의 재기를 도운 회사가 바로 픽사(Pixar)다. 당시 픽사는 루카스 필름을 인수해 영화 제작용 컴퓨터 장비와 소프트웨어를 판매하는 회사였다.

그런데 어느 날 3D 애니메이션 전문가인 존 래세터(John Lasseter)가 스티브 잡스에게 새로운 아이디어를 제안했다. 존은 원래 디즈니에서 애니메이션 전문가였으나 루카스 필름에 들어오면서 컴퓨터 기술을 익혀 3D 애니메이션 분야에서 최고의 전문가로 성장한 인물이다. 그는 1984년에 90초짜리 단편 애니메이션 영화를 컴퓨터그래픽 전시회에 출품해 기술력을 인정받은 경력이 있었다. 존 래세터의 제안을 받아들인다는 것은 곧 수십만 달러의 지출을 의미했다. 스티브는 간단하게 물었다.

"스토리보드는 나왔나요?"

존은 스토리보드에 대해 프레젠테이션을 했다. 이때 깊은 인상을 받은 스티브는 회사의 자금 사정이 좋지 않았지만 개인 자금을 투자할 정도로 존의 작품을 믿었다. 이렇게 해서 탄생한 작품인 5분짜리 3D 애니메이션 〈틴토이 Tin toy〉는 훗날 〈토이 스토리〉의 원형이 된다. 월트 디즈니와 공동 제작한 〈토이 스토리〉가 대성공을 거두자 픽사는 3D 애니메이션 영화 제작에 전념하게 된다. 3D 애니메이션은 컴퓨터그래픽과 감성적인 스토리가 결합하기 때문에 200명이라는 엄청난 숫자의 전문가가 투입될 뿐 아니라 4~5년이라는 긴 시간이 소요된다. 한 편의 3D 애니메이션영화 제작에는 총 6만 장 정도의 스토리보드를 그려야 한다. 이때 스티브 잡스는 기술과 예술을 결합해야 창의적인 작품이 나온다는 것을 알았다. 이후 스티브 잡스는 애플 (Apple)에 복귀해서도 PC와 MP3 플레이어, 휴대전화에 이르기까지 기술과 예술적인 디자인을 결합해 커다란 성공을 거뒀다.

상대성 이론을 만든 아인슈타인이 물리학 분야를 새롭게 개척했던 시기에 그에게 가장 큰 영향을 준 건 사랑하는 아내도 아니었고, 운동의 상쾌함도 아니었다. 바로 볼프강 아마데우스 모차르트의 음악이었다. 1902~1909년 스위스 특허국에서 주 6일 근무를 하면서도 짜투리 시간을 쪼개 물리학 연구에 매진했던 아인슈타인은 생전에 "베토벤이 자신의 음악 세계를 창의했다면 모차르트의 음악은 우주에 널리 존재하면서 대가(Master)에 의해 발견되기를 기다리는 그 무엇"이라고 표현할 정도로 모차르트의 음악을 높이 평가했다. 그도 그럴 것이 겨우 26세에 과학사의 수준을 한 단계 높인 아인슈타인이지만 초등학생 때는 열등생이었던 그의 영감을 분출할 수 있었던 유일한 공간은 모차르트의 소나타였다.

아인슈타인은 연구가 벽에 부딪힐 때마다 음악으로 기분을 풀었다. 아인슈타인에게 모차르트는 삶의 의미였다. 한 라디오 대담 프로그램 진행자가 "박사님. 죽음은 당신에게 무엇을 의미합니까?"라고 묻자 아인슈타인은 "더 이상 모차르트 음악을 들을 수 없다는 걸 의미하지요."라고 말할 정도로 모차르트는 아인슈타인의 창의 본능에 가장 많은 영향을 미친 인물이었다.

예술은 우뇌를 자극한다

음악을 들으면 마음이 평온해지고 흥분하는 이유는 음악이 뇌파, 호흡, 심장, 근육계, 체온, 면역계에 영향을 미쳐 기억력과 학습에 도움을 주기 때문이다. 1950년대에 이비인후과 의사인 앨버트 토매티스(Albert Tomatis)는 환자들에게 때때로 모차르트 음악을 들려주었는데 놀랍게도 모차르트 음악을 들은 환자들의 구술 능력과 청력이 회복되는 걸 발견할 수 있었다고 보고했다.

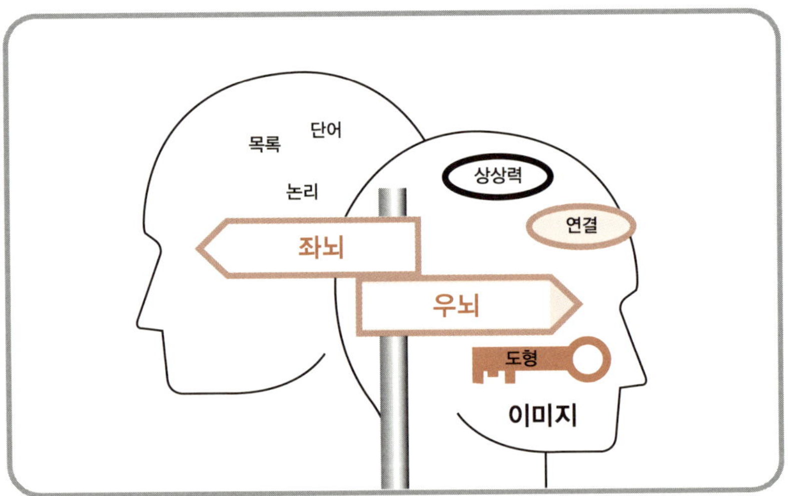

1993년에 캘리포니아 대학의 프랜시스 라우셔(Frances Rausher) 교수 팀은 모차르트 음악이 주는 학습 효과에 대해 좀 더 심도 있는 실험을 했다. 라우셔 교수는 36명의 학생을 대상으로 모차르트 피아노 소나

타를 10분 동안 틀어주고 IQ 테스트를 하는 실험을 했다. 테스트 결과 약 8% 포인트 정도 올라갔다고 발표했고, 이 실험을 계기로 '모차르트 이펙트(Mozart effect)'라는 말이 생겨났다. 모차르트 음악은 다른 음악가들의 작품처럼 계산적이거나 격하지 않고, 순수하고 투명해서 음악을 듣는 사람의 두뇌에서 창의력과 관련된 부위를 강하게 자극한다.

고대 그리스 철학자 헤라클레이토스는 "해가 져야 저녁 별을 볼 수 있다."라고 했다. 별은 항상 그 자리에 있지만 해가 있는 동안은 햇빛 때문에 별이 보이지 않는다. 그래서 '아이디어'라는 별을 보려면 해가 져야 한다. 이것이 '논리적 사고'에 가려져 감성적 사고가 떠오르지 않는 이유다. 논리적 사고로 풀리지 않는 문제를 놓고 계속 논리만 고집하는 것은 문제의 해결에 전혀 도움이 되지 않는다. 이때야말로 사고 전환이 필요한 때이며 감성의 세계로 시선을 돌려야 할 때인 것이다. 우뇌 활동으로 사고를 전환하는 방법에는 여러 가지가 있다.

음악 감상을 한다 | 아무 생각 없이 창밖을 내다본다 | 목욕이나 반신욕을 한다 | 혼자 산에 오른다 | 사람들과 자유롭게 잡담한다 | 공상을 한다 | 가장 편안한 자세로 명상을 한다 | 잠을 잔다 | 편안한 자세로 몸의 긴장을 풀어 이완시킨다 | 자신만의 장소에서 책을 본다 | 마음을 안정시키는 음악을 듣는다 | 머리가 원하는 그림을 그린다 | 자유롭게 여행을 떠난다.

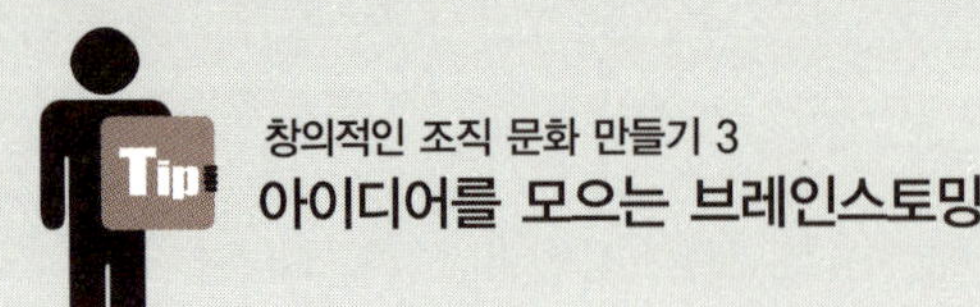

미국에서 규모가 큰 의료기관 중 하나인 카이저 퍼머먼트 병원이 산업디자인 회사인 아이데오(IDEO)에 병원 시설 디자인을 의뢰했다. 아이데오는 병원 관계자들과 함께 보호자, 의료진의 역할을 직접 체험해 보면서 병원 내 시설 개선 아이디어를 찾아냈다. 아이데오 심리학자들은 환자들이 딱딱한 분위기의 로비에서 어디로 가야 할지 처음부터 방향 감각을 잃어버리는 데 문제가 있고, 진료실에 들어와서도 의사에게 진찰을 받을 때까지 반쯤 벌거벗은 채 혼자 약 20분을 기다려야 한다는 게 문제라고 진단했다.

결국 안내 표시판이 잘 보이는 밝은 분위기의 로비, 보호자와 친구들과 함께 들어갈 수 있는 보다 넓어진 진료실, 프라이버시를 극대화한 커튼을 만들었다. 또 의료진이 복도 한 켠에서 즉석 회의를 할 수 있도록 병원 시설을 리노베이션했다. 이에 병원 측은 "아이데오는 우리가 많은 비용을 들이지 않고도 마치 쇼핑몰처럼 안락하게 의료 서비스를 제공할 수 있도록 해줬다."라며 만족감을 표시했다. 산업디자인 회사인 아이데오(IDEO)가 다양한 분야에서 창의적인 아이디어를 낼 수 있는 저력은 그들의 독특한 브레인스토밍 방식 때문이다.

다른 회사와 마찬가지로 아이데오에는 별다른 근무 수칙이나 규칙은 없다. 다만 브레인스토밍(Brain Storming)을 할 때만큼은 몇 가지 원칙을 철저하게 준수하고 있다. 일단 브레인스토밍 시간은 1시간~1시간 30분을 기준으로 하며, 브레인스토밍에서는 질(質)보다 양(量)이 중시되기 때문에 회의 시간 동안 100여 개의 아이디어가 나오게 한다. 아이디어가 막혀 입에서 나오지 않는 것에 대비해 팀원들이 아이디어를 쏟아낼 때 그 자리에서 제안된 아이디어를 평가하고 재단하지 않는다. 거칠고 다듬어지지 않은 아이디어를 다른 팀원들이 살을 붙이고 격려하면서 아이디어를 완벽한 형태로 만들어가는 것이다. 실제로 팀원들이 내놓은 아이디어의 실현 여부를 회의 자리에서 바로 지적하고 평가하는 순간 팀원들의 창의력은 위축된다. 누가 봐도 말도 되지 않는 아이디어를 내놓아도 "흥미로운걸?" "환상적이야!"라며 칭찬과 격려를 아끼지 않는다. 대신 퍼실리테이터(Facilitator)는 회의 주제에서 벗어나지 않도록 분위기를 주도하고, 쏟아져 나온 아이디어를 팀원들이 공유할 수 있도록 화이트보드나 벽에 적어놓고 상호관계를 표시한다. 이렇게 아이디어는 시각적으로 구체적일 때 시너지 효과가 난다. 상급자가 연설을 하거나 정해진 순서대로 팀원들이 의견을 발표하는 식은 창의적이지 못하다. 아래에 있는 아이데오의 브레인스토밍 일곱 가지 원칙을 다시 한 번 되새겨보자.

1. 초점을 명확히 한다: 고객의 요구나 서비스에 집중해 문제를 명확하게 제시한다.
2. 규칙을 만든다: 아이디어의 양을 추구한다, 엉뚱한 아이디어를 격려하라, 시각화하라, 판단은 뒤로 미룬다, 한 번에 한 가지씩만 이야기하라 등의 규칙을 만든다.
3. 아이디어에 번호를 매긴다.
4. 아이디어 창출이 정체될 때는 사회자가 다른 이슈로 건너뛸 것을 제안

한다.

5. 아이디어를 기록하기 위해 모든 공간을 활용한다.

6. 워밍업 시간을 갖는다.

7. 온몸을 활용한다: 스케치를 하거나 모델을 만든다.

2 생각하며 걷는다

빌 게이츠는 숲 속을 거닐며 생각한다

오늘날 전 세계 컴퓨터의 90%는 빌 게이츠가 세운 마이크로소프트의 운영 체계를 사용하고 있다. 그가 구상하고 제시하는 미래는 머지않아 현실이 될 것이다. 이 모든 것이 가능한 이유는 그에게 오롯이 혼자만의 시간이 있었기 때문이다. 빌 게이츠는 고독한 시공간 속에서 미래를 읽고 새로운 계획을 짠다. 그는 매년 외딴 숲 속 별장에서 1주일 동안 머물면서 생각하는 시간을 가진다. 1년에 두 번씩 미국 서북부 지역의 작은 별장에 1주일 동안 칩거하며 마이크로소프트의 장래, 나아가 디지털 세계의 향방을 결정지을 아이디어와 전략을 '짜는 아이디어 위크(Idea Week)' 시간을 가지는 것이다. 그의 아이디어 위크를 취재한 〈월 스트리트 저널〉 기자에 따르면 '별장에 출입이 허락된 사람은 간단한 식사를 챙겨 주는 관리인뿐이고, 빌 게이츠는 2층의 소박한 별장에서 지내면서 하루 종일 숲 속을 거닐고 호수에서 배를 타는 등 쉬면서 생각을 한다'라고 한다. 저녁에는 전 세계 마이크로소프트사 직원들이 작성한 보고서와 아이디어 제안서를 읽고, 새로운 아이디어와 계획을 짜는 일에 몰두한다. 그는 보고서를 읽는 것에 그치지 않고 내용이 마음에 들면 보고서를 작성한 담당 직원에게 즉시 이메일을 보내 자신의 의견을 전달하면서 즉각적인 아이디어 교환을 나눈다. 자신의 생각을 정리하는 동시에 직원들의 창의성과 아이디어에도 관심을 가지는 것이다.

베토벤도 5번 교향곡을 끝내자마자 지병인 귓병이 악화돼 청력을 잃게 됐다. 음악가가 소리를 들을 수 없다는 건 사망신고를 받은 것과 마찬가지다. 심한 스트레스 때문에 자살을 생각하고 유서를 쓰기도 했다. 결국 그는 도시를 떠나기로 결심하고 오스트리아 교외에 있는 숲 속으로 들어가 푸른 나무와 아름다운 꽃 그리고 노래하는 새 소리에 몸을 맡겼다. 특히 산책을 좋아했던 베토벤은 귀가 들리지 않으면서부터 사람들과 대화하기보다 산책하면서 자연과 대화를 하는 걸 즐겼다. 이곳에서 그의 일과는 아침의 시작과 동시에 오후 2시까지 작곡한 후 저녁 때까지 산책하는 것이었다. 가끔 모두 잠든 후에도 산책을 했는데 그는 이때의 충만한 감성을 다음과 같이 표현했다.

"전능하신 신이시여, 숲 속에서 저는 행복합니다. 여기 나무들은 모두 당신의 말을 나에게 전하고 있습니다. 이곳은 너무나 위대합니다.”

숲 향기가 그의 우울증을 치료해줬을 뿐 아니라 걷고 생각하면서 시냅스 활동이 왕성해져서 창의 본능까지 되살아났다. 전원생활은 그에게 새로운 영감을 주었고, 보청기를 끼고 전원 교향곡을 완성했다. 7번 교향곡을 만들 때는 귀가 전혀 들리지 않는 상태였지만 무리 없이 9번 합창 교향곡까지 작곡할 수 있었던 이유는 숲길 산책으로 창의 본능을 더욱 강화했기 때문에 가능했다. 하일리겐시타트에는 아직도 베토벤의 산책로가 보존돼 있다.

생각한 것을 생각해 내게 만드는 ‘걷기’의 힘

“응, 지금 생각 중이야.”

우리가 자주 하거나 듣는 말이다. 우린 언제나 생각 중인 삶을 산다. 중요한 건 생각하는 게 아니라 생각을 통해 하나의 생각을 만들어 내야 하는 것이다. 생각만 하는 사람은 평생 인정받을 수 없다. 생각만 하는 사람은 로댕의 작품으로 충분하다. 생각하는 사람과 생각해 내는 사람의 구분 또한 그런 것이다. 무언가를 열심히 생각한다고 해서 사고라 부를 수 없다. 생각하는 것과 생각해내는 것은 아주 다른 별개의 것이다.

'반드시 이 일을 성공시키기 위해 열심히 생각하고 있어!'

언뜻보면 굉장히 비장하고, 성공하기 바로 직전의 상태인 것처럼 보인다. 하지만 이룬 건 아무것도 없고, 단순히 생각에 머물러 있는 단계일 뿐이다. 더구나 정말 성실하게 생각에만 빠져 있다면 문제가 심각하다. 성과 없이 지나치게 성실한 태도는 자신에게 좋지 않기 때문이다. 나도 고된 강연 일정이 있어도 하루에 2시간 이상은 반드시 걷는다. 걸으면서 생각하면 세로토닌이 활성화되기 때문에 아무리 생각해도 해답을 찾을 수 없었던 것들이 갑자기 생각날 수 있는 가능성이 커지기 때문이다.

사무실에서 집까지 20분 정도 걸어서 출퇴근하고 점심시간에도 가능하면 회사에서 좀 거리가 있는 음식점을 택하거나 무작정 걷다가 발견한 식당에 들어가기도 한다. 점심 식사 이후에는 사무실 근처에 있는 학교 운동장에서 20~30분 정도 걷기도 한다. 퇴근 후에도 걷는 습관은 이어진다. 저녁 식사를 마치면 편안한 신발로 갈아신고 집 근처를 걷는다. 그냥 아무 생각 없이 걷는 게 아니다. 산책을 나설 때 반드시 필기도구를 가지고 나온다. 걸으면서 새롭게 본 정보들과 새로운 생각들을 잊어버리지 않고 그때그때 메모한다. 이미 경험한 사람들은 알겠지만 책상이나 컴퓨터 앞에서 생각할 때보다 산책할 동안 생각한 것들 중에 기발하고 혁신적인 아이디어가 많이 떠오른다.

걷는 것은 가장 간단한 운동 중 하나지만 효과는 매우 크다. 달리면서 생각하는 것은 힘들지만 걷는 건 신체적 부담이 적어 신체와 두뇌운동을 같이할 수 있다. 걷는 게 무의식적인 작용으로 알고 있지만 한걸음을 내디딜 때마다 상당량의 신호가 다리 근육에서 신경을 통해 두뇌로 전달된다. 두 발로 걷는 동안 뇌와 다리 사이에서 복잡한 신호교환이 쉴 새 없이 이뤄지고 있는 것이다. 걷는 동안 눈으로 보고, 팔을 흔들어 균형을 유지하고, 피부로 공기의 온도를 느끼며, 코로 냄새를 맡는 등 온몸의 감각이 총동원된다.

두뇌에는 수없이 미세한 혈관이 있다. 뇌가 제대로 활동하기 위해서는 혈액으로 운반되는 대량의 산소가 필요하다. 심장이 1회 뿜어내는 혈액 양의 20%가 뇌로 간다. 운동은 세포 성장인자와 혈관 생성인자를 만들어 뇌에 새로운 모세혈관이 생겨나게 하고 혈관 통로가 확장되는 데 도움을 준다. 혈관의 숫자가 늘어나면 당연히 신경세포 성장인자의 생성량도 늘어난다. 운동으로 생기는 성장인자는 뇌 발달뿐아니라 만성 스트레스로 인한 뇌 손상까지 막아준다. 세포 재생 기능을 활성화하는 동시에 신경전달물질인 세로토닌과 도파민 수치까지높여주는 것이다.

세로토닌(Serotonin)은 정서적이거나 감정적인 행위, 수면이나 기억, 식용 조절 등에 관여하며 인간의 몸과 정신에 생기를 불어넣어 주는 역할을 한다. 그리고 엔도르핀은 순간의 환희나 격정적인 기쁨을 주

지만 세로토닌은 정서적인 여유와 만족을 준다고 해서 '행복 호르몬'
이라고도 하고 머리를 맑게 해줘 '창의 호르몬'이라 부르기도 한다.

3 정보와 지식이 창의 본능을 깨운다

진짜 정보는 내 머리에 있다

"도대체 그런 정보는 어디에서 얻으세요?"

사람들은 정보를 그냥 얻는 거라고 생각한다. 그러나 정보는 얻는 게 아니라 생각해 내는 것이다. "도대체 그 정보를 어떻게 생각해 내나요?"라고 물어야 한다. 정보는 창의 본능을 일깨우는 데 중요한 역할을 한다. 새로운 것의 시작은 정보에서 출발하기 때문이다. 문제는 '어떤 정보를 입수하느냐' 하는 것이다.

사람들은 인터넷을 통해 많은 정보를 입수하지만 인터넷에 떠도는 정보의 정확성도 문제지만 더 큰 문제는 '인터넷에서 발견한 정보라는 것'이다. 누구나 검색만 하면 찾을 수 있는 정보는 평범한 수준의 보통 정보다. 진정한 정보는 검색을 통해 알 수 있는 보통의 정보들을 조합해 '독창적으로 해석한 것'을 말한다. 평범한 정보의 독창적인 해석은 당신의 머릿속에서만 가능하다. 그러나 독창적인 해석을 하려면 먼저 '비판적인 관점'을 가지고 있어야 한다. 여기서 말하는 비판적인 관점은 사물을 부정하고 '불가능한 것만 보고 트집을 잡는' 눈이 아니라 모든 사물에 대해 '관심'을 가지는 것이다.

아이가 없는 사람들은 세상에 얼마나 많은 유치원이 있는지 알지 못한다. 아마 살고 있는 집 바로 앞에 유치원이 있어도 관심이 없는 사람의 머릿속엔 집 앞에 유치원이 있다는 사실이 머릿속에 등록되지 않는다. 하지만 그 사람이 결혼해서 아이를 낳게 되면 상황은 달라진다. 그는 집 앞에 있는 유치원뿐 아니라 집 주변의 모든 유치원에 대해 알게 될 것이며, 비판적인 시각으로 유치원의 장단점을 파악해 가장 좋은 곳에 아이를 보낼 것이다. 이것이 발전되면 고객의 입장에서 정말 필요하다고 생각되는 유치원의 모습을 상상하며 직접 유치원을 창업하게 될지도 모를 일이다. 바로 세상에 대한 관심이 생긴 것이다. 관심은 모든 것을 찾아낸다. 당신이 눈을 뜨고 바라보지 않으면 세상은 암흑일 뿐이다. 정말 평범한 인터넷 신문 기사도 이런 비판적인 관점을 가지고 있다면 여러 가지 다른 정보와 조합돼 전혀 새로운 관점의 정보가 될 수 있다.

신문과 잡지로 세상과 소통하라

빌 게이츠는 공부벌레만 졸업할 수 있다는 하버드 대학 학생이지만 공부보다 컴퓨터에 흥미를 느껴 매월 새로운 정보로 가득한 컴퓨터 잡지를 구입해서 정독했다. 그러다 그는 1978년에 컴퓨터 잡지를 보다가 새로운 광고 하나를 보게 됐는데 그것이 지금의 빌 게이츠를 만든 계기가 됐다고 한다. 당시에는 대형 컴퓨터가 대부분이었던 시절이었는데 소형 마이크로 컴퓨터를 개발했다는 광고를 본 것이다. 빌 게이츠는 이 광고를 보는 순간 새로운 생각이 떠올랐다.

“마이크로 컴퓨터라는 하드웨어가 개발됐다면 여기에 들어갈 수 있는 소프트웨어가 필요하지 않을까?”

그는 마이크로 컴퓨터를 제대로 이용할 수 있는 소프트웨어를 개발해 보자는 생각을 했다. 빌의 생각에 공감하는 친구들도 있어서 과감하게 학교를 그만두고 시애틀의 작은 방에서 마이크로소프트를 창업했다. 빌 게이츠가 이룬 지금의 부와 명예는 1978년에 우연히 읽었던 컴퓨터 잡지 광고에서 시작된 것이다.

〈포춘〉이 2004년에 선정한 동양 최고의 갑부는 홍콩의 리카싱(李嘉誠)이었다. 그는 중국에서 일곱 살 때 홍콩으로 내려와 온갖 고생을 하다가 독학으로 영어와 화학을 공부하며 작은 플라스틱 완구 제조업을 했다. 그러던 어느 날 플라스틱 관련 잡지를 보다가 이탈리아의 한 회사가 플라스틱으로 조화(造花)를 만들었다는 기사를 보곤 리카싱은 무작정 이탈리아 행 비행기에 올랐다. 이탈리아 회사가 처음 보는 그에게 기술을 가르쳐줄 리 만무했다. 일단 그는 플라스틱 조화를 만든 회사의 청소부로 취직해 제조 과정을 보고 배웠다. 어느 정도 기술을 파악하자 원료를 사 들고 홍콩으로 귀국해 '장강(長江)플라스틱'이라는 회사를 만들어서 플라스틱 조화를 만들었다. 이 플라스틱 조화는 중국 사람들의 손재주와 저렴한 인건비 때문에 세계시장을 석권하게 됐다. 리카싱의 성공 역시 한 잡지에서 시작됐다.

세계적인 발명왕 에디슨은 "발명과 발견에 운이나 우연은 없다!"라고 말했다. 일정한 성과를 얻기 위해서는 그것을 이룰 때까지 노력을 축적해야 하며 '정신의 저수지'에 더 많은 정보와 생각을 담아야 한다고 믿었다. 정신의 저수지 밑바닥에 가급적이면 많은 정보와 사실, 경험과 공상들이 흐르도록 해야 한다는 것이다. 겉으로 보기에는 잡다한 요소들이 서로 충돌하고 결합하면서 전혀 다른 아이디어로 발전하기 때문이다. 에디슨은 늘 여러 가지 정보들을 모아 자신만의 정신 저수지에 채워넣었다. 에디슨은 특히 신문 읽는 것을 좋아했는데 아침 일찍 배달된 다섯 종류의 신문을 보며 남보다 먼저 새로운 소식을 접하는 데 즐거움을 찾았다.

신문은 날마다 새로운 정보를 제공하는 '지식의 보고'다. 육체적인 성장엔 음식이 필요하지만 정신적으로 성장하려면 매일 '정보'라는 영양소를 섭취해야 한다.

에디슨은 신문과 잡지를 보거나 거리를 관찰하면서 사회에서 요구하는 것과 필요로 하는 것을 알아내 그것을 충족할 수 있는 적절한 아이디어를 생각했다. 에디슨은 집이나 연구소에 있을 때나 거리를 이동할 때도 다른 사람의 행동이나 대화 내용을 유심히 관찰했다. 신문이나 잡지 그리고 책의 내용도 정확히 기억했다.

그는 정보를 보면 그것을 어디에 어떻게 활용할 수 있을지를 생각하며 두뇌에 입력시켰다. 마치 머릿속에 '정보의 책꽂이'가 있는 것처럼 정보들을 목적에 맞게 정리하고 기억했다. 사소한 정보라도 그 의미를 생각해 보고, 남의 이야기를 건성으로 듣는 것이 아니라 목적의식을 갖고 면밀히 분석했다.

디지털 세상이 되면서 새로운 정보가 인터넷에 많이 떠돌지만 신문과 잡지는 여전히 의미 있는 정보와 지식의 공급원이다. 인터넷은 내가 원하는 정보를 정보의 저수지에서 찾아내는 데 효과적이지만 신문이나 잡지는 내가 모르고 있는 정보를 얻을 수 있고 한 장 한 장마다 담겨 있는 정보를 강제적으로 보게 되는 장점이 있다. 그리고 잡지는 시기에 민감하기 때문에 어느 특정 분야에 대한 트렌드를 분석한 정보를 시기 적절하게 볼 수 있다.

신문을 볼 때도 어느 한 신문만 보는 것은 정보의 왜곡을 낳을 수 있다. 언론사마다 자신의 입장이 다를 수 있으므로 일간 신문, 경제 신문, 전문 신문 등 여러 가지를 빠르고 주관적인 생각으로 보는 것이 좋다. 그보다 더 많은 정보를 습득하고 싶다면 시사 잡지, 경영 잡지, 전문 잡지, 외국 잡지 등을 폭 넓게 보는 것이 도움이 된다.

독서가 창의 본능을 불러일으킨다

에디슨은 초등학교 1학년 때 선생님에게 "네 두뇌는 썩었다."라는 말을 들을 정도였다. 친구도 아니고 선생님에게 이런 말을 들으면서 온전하게 학교를 다닐 수 있는 아이는 흔치 않을 것이다. 에디슨 역시 학교를 그만두고 어머니에게 교육을 받았다. 무엇보다 에디슨은 가정 형편이 어려워 농사 일을 하면서 열차에서 신문과 과자를 파는 일도 했다.

디트로이트 시내에서 열차 안에서 팔기 위한 과자, 캔디, 과일, 신문, 잡지를 사고 나서는 오후에는 대부분의 시간을 도서관에서 보냈다. 에디슨은 도서관에서 책꽂이의 가장 밑에 있는 책부터 한 권 한 권 순서대로 읽기 시작했다. 점점 읽은 책이 쌓이다가 결국 도서관에 있는 모든 책을 죄다 읽고 만다. 에디슨은 어릴 때부터 여러 분야의 책을 1만 권 이상 읽었기 때문에 그의 머릿속에는 통섭적(統攝的) 지식이 가득했다. 후에 이 지식들은 에디슨이 연구 활동을 할 때 요긴하게 활용됐다. 에디슨은 자신의 연구소에도 수 만 권의 책을 비치해 놓고 일생 동안 책 읽는 일을 게을리하지 않았다.

뇌 과학자인 이시형 박사는 74세의 나이에 『공부하는 독종이 살아남는다』는 베스트셀러를 썼다. 고령임에도 불구하고 그가 저술 활동을 계속할 수 있었던 것은 독서 습관이 여전히 남아 있었기 때문이다. 그는 바쁜 일정 때문에 독서 시간을 따로 마련하기 어렵게 되자 잠을 줄이는 방법을 선택했다. 매일 새벽 4시 30분에 일어나서 두세 시간씩 책을 읽고 하루 일과를 시작하는 것이다. 안철수 박사도 열 권이 넘는 책을 썼을 뿐 아니라 그의 사무실에는 2,000권, 집에는 1,000권의 책이 있어 틈이 날 때마다 책을 읽는다. 청소년 시절 그는 학교 도서관에 있는 책을 모두 읽을 정도로 소문난 독서광이었다. "남자로 태어났다면 한 수레의 책을 읽어야 한다."는 말이 있다. 일단 1천 권의 책을 읽어보라. 물론 시작은 어려울 것이다. 하지만 인간은 습관의 동물이다. 고통의 순간은 잠시일 뿐 얼마되지 않아 독서에 맞는 몸으로 변해 스스로 책을 원하게 될 것이다. 그렇게 시간이 흘러 1,000권의 책을 읽고 나면 세상을 보는 지혜가 달라지고, 건강해진 두뇌를 느낄 수 있을 것이다. 책은 새로운 지식과 정보를 얻는 매체이기도 하지만 뇌 세포의 나무에 거름을 주는 효과가 있다. 오로지 책을 통해서만 시대와 국가를 초월한 최고의 지식과 감동을 느낄 수 있다. 영국의 빅토리아 여왕은 신하들에게 '셰익스피어 휴가'를 주었다고 한다. 3년에 한 번씩, 한 달 정도의 휴가를 줘서 자유롭게 생활하며 책을 보고 지식을 재충전하라는 의미가 담긴 휴가였다.

전문화된 사고를 모으면 전뇌 사고를 할 수 있다

두뇌학자 허만(N.Herman)은 대뇌를 4개로 나눈 '대뇌 우성 모델'을 제시했다. 그는 좌우의 대뇌피질뿐 아니라 좌우의 대뇌 번연계도 뇌량으로 연결돼 있다는 사실에 주목했다. 그의 저서 『창의적인 두뇌 The Creative Brain』에서 대뇌 영역을 왼쪽 대뇌피질, 왼쪽 대뇌 번연계, 오른쪽 대뇌 번연계, 오른쪽 대뇌피질로 구분했다. 그리고 이를 각각 A사분면, B사분면, C사분면, D사분면으로 불렀다. 허만은 4개의 영역이 각각 독특한 특성을 관장하고 있다고 했다.

A사분면 뇌의 특성은 실제적, 해석적, 정량적, 기술적, 논리적, 이성적, 비판적이다. 이런 방식으로 사고하는 사람은 학구적이며 권위적이며, 성취 지향적이고, 성과 위주형이다.

B사분면 뇌의 특성은 순서적이고, 계획적이고, 보수적이며, 구조적이며, 자세하고, 일관된 특성이 있다. 여기에 해당하는 사고를 하는 사람들은 전통적이며 관료적인 모습을 보이지만 사람들에게 신뢰감을 준다.

C사분면 뇌의 특성은 감성적이며, 인간 지향적이다. 이런 방식으로 사고하는 사람은 인간적이며, 협조적이며, 느낌 지향적이며 정신적 가치를 중시한다.

D사분면 뇌의 사고 특성은 시각적, 총체적, 혁신적, 은유적, 창의적, 직관적이다. 이런 방식으로 사고하는 사람들은 상상력이 풍부하며, 유연하고, 명랑하며, 탐험적이며, 미래 지향적이고 독립적이다.

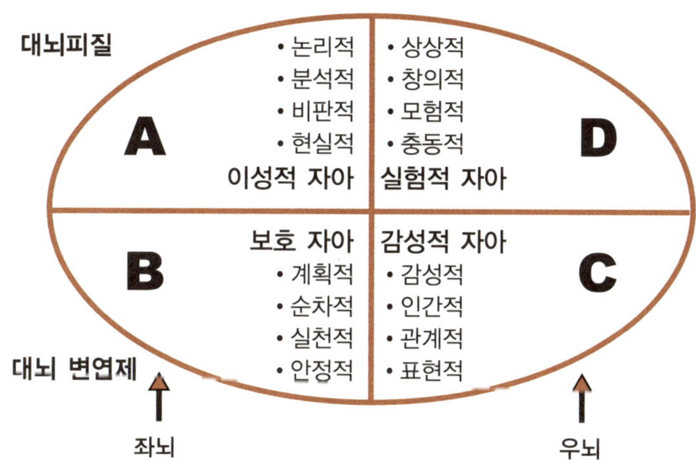

직종에 따라 대뇌 우성 모델이 차이를 보이고 있다. 공장의 엔지니어들은 맡은 업무를 분석해 문제점을 찾아 개선 방안을 마련해야 하므로 A사분면의 사고가 필요하다. 반면 현장에서 잡무를 수행하는 사람들은 훈련받은 대로 꼼꼼하게 작업을 수행해야 하므로 B사분면의 사고가 필요하다고 할 수 있다.

초등학교 교사들은 정해진 수업 내용을 차근차근 체계적으로 가르치는 일과 아이들을 자상하게 돌보는 일이 필요하므로 B사분면과 C사분면의 사고를 함께 가지는 게 좋다. 예술 작업은 틀에 매이지 않고 사고할 수 있는 상상력과 창의력이 필요하기 때문에 D사분면의 사고를 가진 사람이 적합하다.

모든 사분면의 사고를 필요로 하는 전뇌(全腦)적 사고의 요구되는 직종은 기업의 경영자다. 하지만 경영자라고 이 모든 것을 다 가지고 있을 수는 없다. 그래서 차선책으로 창의적 문제 해결을 위해 다 기능팀(Cross Functional Team)을 활용하기도 한다. 여러 기능의 사람들이 모여서 브레인스토밍을 하게 되면 사분면의 기능을 가진 사람들의 다양한 아이디어가 나오기도 하며 이를 모아서 전뇌(全腦)적 사고를 할 수 있기 때문이다.

현대 사회는 폭발적인 지식 확장으로 한 개인이 여러 분야의 변해가는 지식과 정보를 모두 습득하기는 힘들다. 기술, 기획, 마케팅, 관리 분야에 있는 사람들이 모여서 하나의 문제 해결을 위해 아이디어를 내놓고 이야기를 하다 보면 이전까지 생각할 수 없었던 새로운 해결 방법을 찾을 수 있는 것도 바로 이런 이유에서다.

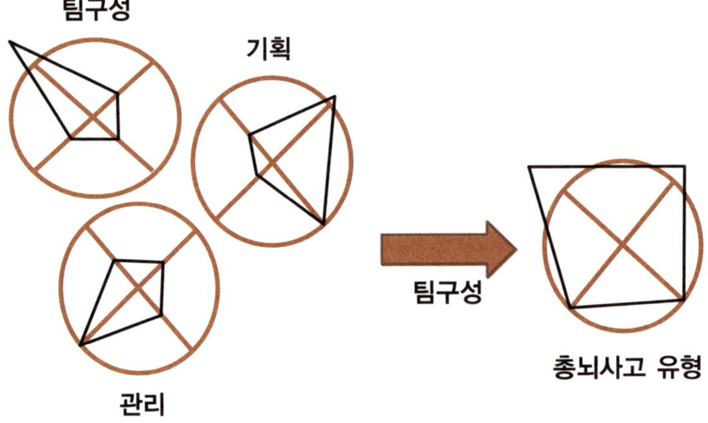

메모하고, 메모하고, 또 메모하라

세계 최고의 CEO는 메모광(狂)이다

2009년 12월, 하버드대 경영대학원에서 발행하는 〈하버드 비즈니스 리뷰(HBR)〉는 전 세계 전현직 최고경영자(CEO) 1천여 명의 실적을 조사해 1위에서 100위까지의 명단을 발표했다. 실적이 가장 뛰어난 CEO로는 애플의 스티브 잡스가 선정됐고, 2위에는 놀랍게도 1996~2008년까지 삼성전자를 이끈 윤종용 부회장이 선정됐다. HBR은 회사 내부에서 성장한 CEO가 외부에서 영입한 CEO보다 좋은 성과를 냈다며 대표적인 인물로 윤종용 부회장을 지목했다. 내가 윤종용 부회장을 만난 건 1982년 삼성전자 컴퓨터 사업부에서 근무할 때다. 당시에는 컴퓨터 사업이 부진했기 때문에 기획력이 뛰어난 윤종용 이사가 사업부장으로 부임했다. 그는 가전(家電) 분야 전문가였으나 항상 새로운 사업을 개척하는 일을 맡아 뛰어난 성과를 만들어냈다.

그는 부임하자마자 첫 번째 간부회의 때 노트 한 권을 들고 와서 내게 이것저것 묻더니 계속 무엇인가를 적었다. 다음 회의 때도 마찬가지였다. 그리고 얼마 후 회의 내용이 제대로 진행되고 있는지를 점검할 때였다. 참석자 모두 지난 번에 무슨 이야기를 했는지 기억하지 못한 채 멍하니 있었는데 윤종용 이사가 수첩을 꺼내 지금까지 적었던 내용을 읽으며 하나하나 세심하게 실행 여부를 점검했다.

윤종용 이사는 부임한 지 2~3주 후쯤 나에게 "컴퓨터를 가르쳐 달라."라고 했다. 컴퓨터 전문 용어를 몰라서 업무 파악이 되지 않는다는 게 그 이유였다. 나는 아침에 30분 일찍 나와 윤종용 이사에게 컴퓨터 특강을 했다. 2~3주 정도가 지나니 윤종용 이사는 "이제 대충 알겠으니 이 내용을 소책자로 만들어 관리직 직원들도 알 수 있도록 교육하라."라고 했다. 컴퓨터를 전혀 모르던 사람이 부임 한 달 만에 컴퓨터 관련 책을 보고, 지독하게 공부해서 거의 전문가 수준이 된 것이다. 그는 지독한 메모광이기도 했다. 한 달 동안 노트 2~3권을 쓰더니 나중에는 2권을 묶어서 들고 다닐 정도로 메모를 했다. 나는 그에게 이렇게 물었다.

"이렇게 메모를 많이 하면 대체 1년에 대학 노트 몇 권을 씁니까?"

"수십 권을 쓰지. 지난 것들이 집에 몇 박스나 있다네."

그는 메모로 자기계발을 하며 새롭게 도전하는 모든 일들을 성공시
켰다. 그는 창의 본능도 뛰어났다. 그의 부임으로 부진했던 컴퓨터 사
업도 활로를 찾기 시작했고, 승진을 거듭한 그는 연구소장으로 자리
를 옮겼다. 그 후 같은 방법으로 통신사업, 반도체 사업을 학습하고
확장해서 마침내 삼성전자 사장이 됐다. 그가 입사했던 당시의 삼성
전자는 흑백 TV도 제대로 만들지 못하는 업체였지만 지금은 세계 최
고의 가전 회사가 됐다. 여기에 그치지 않고 삼성전자는 통신 사업,
반도체 사업, IT 사업에도 대성하게 된다. 지금은 일선에서 물러 나
있지만 윤종용 부회장은 1966년에 삼성전자에 신입사원으로 입사해
삼성전자를 세계 일류 기업으로 이끈 최고의 CEO로 평가받고 있다.

메모는 제2의 두뇌

우린 발상을 새롭게 하기 위한 모티프를 찾기 위해 신문이나 잡지를
자주 본다. 그러나 여기서 가장 중요한 것이 메모와 스크랩하는 습관
이다. 간혹 '바로 이거야!'라고 외칠 수 있을 만한 것들을 발견해도 메
모하거나 스크랩할 타이밍을 놓치면 존재조차 잊어버리는 경우가 허
다하다. 길거리를 걷거나 지하철을 타고 있을 때 순간적으로 좋은 생
각이 떠올라도 곧바로 메모해두지 않으면 이를 잊어버릴 확률이 높
다. 무슨 수를 쓰더라도 순간적으로 떠오른 아이디어는 놓치지 말고

메모하는 것은 아무리 지나쳐도 부족함이 없는 습관이다.

에디슨도 어릴 때부터 다이어리에서 손을 떼지 못할 정도로 못말리는 메모광이었다. 그가 남긴 메모와 다이어리는 500만 쪽에 달하는 방대한 분량이다. 미국 정부는 1978년부터 럿거스 대학에서 에디슨의 다이어리와 메모를 정리, 분류, 해석하는 작업을 진행하고 있다. 뉴저지 주에 있는 에디슨 역사박물관의 연구원들은 에디슨이 메모한 것들의 의미를 파악하기 위해 애쓰고 있다. 이 프로젝트는 지금도 활발하게 진행되고 있지만 2015년 이내에 마치기 어려울 것으로 전망하고 있다. 그만큼 에디슨의 다이어리가 방대하다는 의미다. 에디슨이 자신의 아이디어와 연구 내용을 체계적으로 기록하기 시작한 것은 1870년 10월부터다. 그는 다이어리 첫머리에 "지금부터 새로운 발명에 관한 모든 것을 기록하겠다."라고 썼다. 그는 메모하는 습관 덕분에 어느 시점에 무슨 아이디어를 냈는지, 언제 특허를 제출했는지 알 수 있는 기록도 남겼다. 후에 이 다이어리는 특허 소송이 제기됐을 때도 결정적인 자료가 됐다. 심지어 에디슨은 재판장을 나설 때마다 "이 다이어리야말로 내 생명의 은인"이라고 말했다.

에디슨이 끊임없이 창의적인 아이디어를 만들어내고, 1만 명이나 되는 연구원들이 그에 대한 연구 활동에 전념할 수 있었던 원동력은 모두 에디슨의 다이어리에 있었다. 에디슨의 다이어리는 단순히 일과를 적는 일기장이 아닌 발명에 관한 모든 정보와 생각들을 기록한 '아이디어 다이어리'였다. 그는 일정한 형식 없이 아이디어가 생각날 때마다 백지에 메모를 했고, 이 메모에는 그림과 설계 모형을 그려 실제로 아이디어를 실현할 수 있는 기술적인 아이디어도 함께 적었다. 자신이 매일 연구한 내용을 쓰고, 실패한 사례도 기록했다. 또 제품의 개발과정과 생산과정도 자세하게 기록해 연구원들이 개발 작업을 할 때 이를 참고하도록 했다.

에디슨의 '아이디어 다이어리'만 보면 에디슨이 무슨 생각을 했고, 아이디어를 하나의 상품으로 만들기 위해 얼마나 많은 시행착오를 겪었으며, 어떤 기술을 이용했는지 일목요연하게 알 수 있다. 에디슨은 아이디어를 생각한 것에 그치지 않고 이를 발명으로 연결해 제품으로 만들 수 있는 '아이디어의 흐름'을 중요시했다. '아이디어 연결방식'은 하나의 아이디어를 발명으로 이어갈 수 있도록 생각을 한눈에 볼 수 있게 하고, 여러 가지 생각들을 공유하게 만드는 것이었다. 에디슨은 자신이 가진 정보와 생각을 다이어리에 기록해 스스로도 잊지 않도록 노력했고, 여러 아이디어들의 진행 상태를 수시로 점검했다. 자신의 아이디어 다이어리를 연구소에 비치해놓고 연구원들이 이를 수시로 볼 수 있게 했다. 에디슨이 아이디어 다이어리에 뭔가를 적으면 연구원들은 그의 발명 아이디어를 구현할 수 있는 방법들을 연구하고 실험했다. 다이어리가 에디슨과 연구원들 사이에서 정보와 기술을 공유하는 상호 연결 고리를 만들어준 셈이다. 에디슨은 연구소에 있는 방마다 발명 프로젝트의 주요 내용과 진행 사항을 붙여 놓고 그 과정을 조율하기도 했다. 에디슨의 '아이디어 다이어리'와 '아이디어 연결방식'을 통해 1만 명의 연구원들과 함께 1,000건이 넘는 특허를 취득할 수 있었다.

에디슨과 함께 메모를 통해 창의 본능을 일깨웠던 사람은 150년 전에 진화론을 발표한 찰스 다윈이다. 진화론은 오늘날까지 과학뿐 아니라 생활 경제에도 영향을 미치고 있다. 831년, 다윈이 22세가 되던 해 그는 자신이 다니던 대학의 교수인 헨슬로의 권고로 해군측량선 비글호에 박물학자로 승선하게 됐다. 3년이나 배를 타고 목숨을 건 항해를 해야 하기에 많은 학자들은 이 배에 승선하길 꺼려했지만 생물에 호기심이 많았던 신출내기 다윈은 흥분된 마음으로 배에 올랐다.

그는 관찰과 기록에 필요한 도구와 메모장을 들고, 남미와 호주를 돌아 5년 동안 항해를 계속했다. 그는 가는 곳마다 생물의 샘플을 채집해 생태 환경과 습성을 꼼꼼하게 기록해 영국으로 보냈다. 다윈의 샘플과 메모장을 토대로 헨슬로 교수는 생물학자들과 함께 새로운 생물 도감을 만들었다. 그는 갈라파고스 제도에서 핀치새의 습성과 모양을 그림으로 그리고 기록했으며, 17마리의 핀치새를 영국으로 가지고 왔다. 처음에 학자들은 핀치새의 차이점을 알지 못했으나 핀치새를 채집한 섬의 위치에 따라 부리의 모양이 다르다는 것을 발견했다. 이국 대륙에서 온 17마리의 핀치새로 인해 환경의 특성에 따라 생물이 진화한다는 것을 깨달은 중요한 모티프가 된 것이다. 진화론의 기초가 된 핀치새 부리의 진화는 다윈의 철저한 메모 습관과 채집 때문에 가능했다. 그 후에도 다윈은 전 세계의 생물학자들에게 하루에 서너 통의 편지를 써서 세계 각지에서 진행되고 있는 진화 사례를 수집했다. 그리고 항해에서 돌아와 그간 기록했던 메모를 바탕으로 25년 동안 진화론을 연구해 인류 역사에 길이 남을 『종의 기원』을 출간했다.

손이 머리를 움직이게 하라

비행기가 추락하는 위급한 상황에서도 일본인들은 메모하고 기록을 남기는 걸로 유명하다. 이런 자은 습관이 일본이 특유의 경쟁력을 가능하게 만들었다. 한국인들은 특유의 성실성으로 외국에 나가면 초반에는 고전하지만 결국 엄청난 성과를 올린다. 하지만 자신의 임기가 끝나면 후임자에게 전하는 인수인계는 딱 한마디다. "해 봐, 하면 다 돼!" 이 한마디로 인수인계가 끝난다. 일본인은 다르다. 후임자에게 자신이 겪은 모든 기록이 담긴 서류를 넘겨준다. 전임자가 만난 영업 상대방이 어떤 옷을 입고, 어떤 식당에서 언제 만나 무엇을 말했는지 상대가 무슨 일에 관심이 있는지, 상대에게 무슨 선물을 했는지 하는 등을 기록한 자질구레한 메모 파일을 전임자가 후임자에게 준다. '맨땅에 헤딩하라.'라는 말은 한국에만 있는 말이다. 누가 더 경쟁력이 있을지는 불을 보듯 뻔하다. 낮은 경쟁력을 노력으로 극복하는 건 한계가 있다. 비효율적이고 시간만 축낼 따름이다. 맨땅에 헤딩할 게 아니라 맨 종이에 메모해야 한다.

일본 창의성연구소 다카하시 마코토는 창의성이 뛰어난 사람들을 대상으로 '아이디어가 잘 떠오르는 장소가 어디인지'를 조사했다. 그 결과 아이디어가 가장 잘 떠오르는 선정된 장소는 '잠자리에 있을 때'였으며, 그 다음이 '혼자 걷고 있을 때'와 '버스와 전철을 타고 이동할 때' 순이었다. 잠자리 52%, 걷고 있을 때 46%, 버스나 전철 45%, 집 책상 32%, 직장 책상 21%, 카페 혹은 음식점 21%, 목욕탕 18%, 화장실 11%, 밖에 앉아 있을 때 10%, 회의실 7%, 도서관 8%, 기타 5%였다. 결과를 보면 가장 득표수가 높은 '잠자리에 있을 때'와 '혼자 걷고 있을 때'는 우리가 무엇을 메모하거나 표시할 수 있는 상황은 아니다. 그래서 메모가 중요한 것이다. 새로운 생각이 떠오를 때 즉시 메모하려면 늘 준비하는 수밖에 없다. 인간 두뇌의 메모리는 반도체로 따지면 휘발성 메모리와 같다. 무엇인가를 기억하는 능력은 순간적이어서 생각난 것들을 곧바로 적어놓지 않으면 무엇을 생각했는지조차 기억나지 않을 때가 더 많다. 메모는 컴퓨터에 입력하는 것보다 종이에 메모하는 것이 훨씬 더 유용하다.

새로운 생각은 잠자리나 이동 중에 나오는 경우가 더 많다. 잠자리에 누웠거나 잠에서 막 깬 상태가 대부분이다. 나도 떠오르는 생각을 메모하지 않았다가 다음날 완전히 잊어버린 경험 때문에 잠자리에서도 언제나 메모할 수 있도록 필기도구를 준비하고 잔다. 메모장은 줄이 없는 백지가 좋다. 글을 쓰기도 하지만 그림으로 스케치하는 상황도 생기기 때문이다. 가끔 있는 일이지만 목욕탕에서 불현듯 새로운 생각이 떠오를 때면 재빠르게 젖은 몸을 닦고 나와 메모를 한 다음 다시 탕으로 돌아간다. 한 단어라도 메모해두면 그것이 생각의 씨앗 역할을 하기 때문에 새로운 아이디어로 키워 나갈 수 있다. 처음엔 한 달에 한 권 정도의 메모를 하겠다고 목표를 세워보는 것도 좋다. 뭘 적어야 할지 막막할 수도 있으나 일단 생각나는 것부터 자유롭게 쓰는 식으로 점점 메모하는 습관을 들이는 게 우선이다. 당신 안에서 창의 본능이 커 나가는 것을 느낄 수 있을 것이다.

5 공부하지 않으면 살아남을 수 없다

공부에도 토끼와 거북이가 있다

2009년 노벨화학상은 이스라엘의 작은 연구소에 근무하고 있는 70세 할머니인 아다 요나스가 수상했다. 그녀는 아인슈타인을 포함해 79번째 노벨상을 수상한 유대인으로 기록됐다. 전 세계에 2,000만 명이 흩어져 사는 유대인이 노벨상의 22%를 수상한다. 유대인들은 농사를 지을 수 없는 척박한 땅에서 살아야 하기에 학자, 의사, 변호사 등의 직업을 선택해 평생 공부를 통해 성취를 이루려는 성향이 있다. 유대인들이 공부하는 자세는 상당히 중요하다. 우리만 하더라도 중고등학교 때 공부를 잘해서 명문 대학에 들어가 일류 기업에 취직한 다음에는 전혀 학습하지 않는 사람들이 많다. 명문 대학 출신에 일류 기업에 다니고 있다는 자만심이 공부를 등한시하는 나쁜 습관을 만드는 것이다. 요즘처럼 빠르게 변하는 세상에서는 3년이 지나면 학교 때 배운 교육의 30%가, 5년 지나면 80% 정도가 쓸모없게 된다. 아무리 좋은 성적으로 직장에 들어왔다고 해도 입사 후 4~5년이 지나면 자신이 알고 있던 것의 대부분은 더 이상 쓸모 없는 무용지물이라고 생각하면 된다. 그래서 공부를 멈추는 것은 퇴보를 선택하는 것과 마찬가지다.

특히 취직할 때 자신이 전공한 분야와 맞는 직장을 선택하지 못하면 "이럴 거면 뭐 하러 공부를 했냐?"라는 식의 고정관념이 팽배해 있지만 잘못된 사고방식이다. 전공과 동일한 업무를 시작하더라도 시간이 지나면서 자신의 의지와 상관 없이 전혀 다른 직종으로 배치될 수도 있다. 이때 자신의 전공과 다른 직종이라 해서 불만스럽게 생각할 게 아니라 새로운 것을 학습할 수 있는 기회라 생각하고 공부하는 자세가 필요하다.

대학 입학도 마찬가지다. 자신이 원하는 학과를 택한 경우도 있지만 점수 때문에 특정 학과를 택할 수도 있다. 이럴 때도 걱정할 필요가 없다. 직장에서 실무자의 경우에는 전공이 어느 정도 관계가 있지만 관리자가 되면 기술에서 마케팅으로 순환 배치되기도 하기 때문에 통섭적 지식이 요구된다. 적어도 지금의 한국은 전공에 큰 의미가 없는 게 현실이다.

문제는 학과나 학교가 아니라 직장에 입사를 하고 난 다음부터다. 최고의 대학을 나와도 직장생활을 잘하지 못하는 사람이 있는가 하면, 지방 대학을 나와서 중소기업에 취직했어도 승승장구하면서 결국 대기업으로 스카우트되거나 인정받는 임원으로 성장하는 경우도 많다. 문제는 역시 공부다.

직장에서 인정받는 사람들은 사내 교육 프로그램에도 적극 참여하고 틈틈이 인터넷으로 실시하는 e-러닝 프로그램으로 공부한다. 자신의 업무와 연관되고 세계 최고 수준의 내용으로 학습하니 자연스럽게 업무 성적도 좋아진다. 실무적인 학습에 재미를 느낀 이들은 직장에 다니면서 특수대학원에 진학하기도 한다. 요즘에는 경영대학원이 아니라 야간과 주말에 수업을 실시하므로 2년 후에는 경영학 석사(MBA) 학위를 딸 수도 있다. 반면에 명문 대학을 졸업하고 입사한 사람이라도 30세 전에는 거북이를 젖히고 토끼처럼 정상을 향해 달려가지만 직장이라는 그늘을 찾아 지식의 낮잠을 자는 이들도 적지 않다. 학교 때 배운 것은 모든 것의 기초일 뿐 완성은 아니다. 직장에서 30세 이후에 하는 공부가 진짜 공부인 셈이다.

승진하고 싶다면 먼저 '공부의 신'이 되라

IMF 외환위기 이후로 대부분의 기업이 변화를 꾀했지만 가장 많은 변화를 겪은 곳이 금융기관이다. 과거에는 은행이 창구 업무 중심이었기 때문에 은행원의 능력이라고 하면 계산 잘하고 돈을 잘 세는 것이 전부였던 시절도 있었다. 하지만 은행이 예전처럼 여수신 업무만 하는 게 아니라 PB(Private Banking)가 VIP를 찾아다니며 영업하는 시대다. 서울에 있는 시중 은행의 PB 교육장에는 30대 대리나 과장 출신이 주류를 이루고 있다. 대부분 금융 분야의 자격증을 가지고 있고 국제금융 자격증을 가진 이들이다. 국내 자격증은 어느 정도 공부하면 취득할 수 있지만 국제금융 자격증은 영어도 해야 하고 라이선스를 취득하기도 쉽지 않다. 특히 마흔 살이 넘은 은행원이라면 국제금융 자격증을 취득하기가 쉽지 않은 게 현실이다. 그런데 지방 은행의 PB 교육장에 가면 서울의 은행과는 달리 교육생들이 연령대가 주로 40대다. 대부분 지방에 있는 은행에서 20년 정도 근무한 고참 과장이거나 차장들이었다. 이들 중에 국제금융 자격증을 가지고 있는 은행원은 소수였다. 나이가 마흔을 넘으면 공부하는 습관을 잊어버릴 뿐 아니라 변화하는 국제금융 지식이 부족해 국제금융 자격증을 딴다는 것 자체가 거의 불가능하다는 게 그들의 분석이었다.

결국 30세 전에 공부하는 습관을 다시 길들이지 않으면 경쟁에서 밀려날 수밖에 없다. 한국 기업들도 국내 기업들과 경쟁을 하는 게 아니라 세계 일류 기업들과 경쟁해야 하므로 과거의 지식 수준으로는 경쟁에서 이길 수 없다. 기업 수준이 향상되면 기업 구성원의 지식 수준도 향상돼야 한다. 지금은 전 세계 기업이 새로운 것을 만들어내지 않으면 안 되는 시대다. 어느 분야에서든 창의적인 아이디어를 내지 못하면 낙오되는 게 현실이다. 남들이 만들어내지 못하는 새로운 것을 만들어내고, 여태껏 그 누구도 시도하지 않은 새로운 방법으로 업무를 혁신하려면 공부를 해야 한다. ‘내가 새로운 것을 시도하지 않으면 다른 사람이 하게 될 것’이 자명하기 때문이다.

삼성, LG, 롯데 등 국내 대기업에서 승진하면 반드시 통과해야 하는 시험이 있다. 어학, 정보화 자격 시험, 전략 경영 등이 그것이다. 이런 시험에 통과하려면 공부하지 않을 수 없다. 공부하지 않고는 승진할 수 없으므로 생존 차체가 불가능해지는 것이다. 이런 위기의식 때문인지 많은 직장인이 끊임없이 공부하고 있다. 대형 서점에 나가 보면 직장인의 공부법이 담긴 책이 언제나 베스트셀러 코너에 진열돼 있다.

『공부하는 독종이 살아 남는다』, 『살아남으려면 공부해야 한다』, 『30대 공부에 미쳐라』, 『더 늦기 전에 공부에 미쳐야 한다』, 『1일 30분』 등 당신이 직장인이라면 선택은 하나다. 공부를 통해 진짜 실력을 갖추는 것뿐이다.

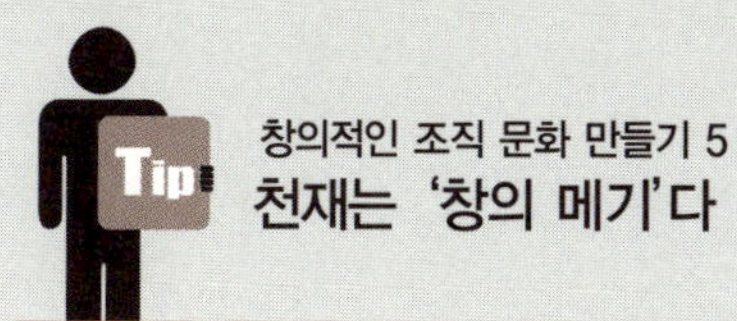

삼성의 설립자인 고 이병철 회장이 메기로 어린 자녀들을 교육시킨 일화는 유명하다. 옛날 농촌에서 벼를 심고 나서 논에 미꾸라지를 풀어놓았다. 여름 내내 미꾸라지가 해충들을 잡아먹으면 해충이 줄어들고 가을철에는 이 미꾸라지를 잡아 추어탕으로 먹을 수 있기 때문이다. 이병철 회장은 어느 논에는 미꾸라지만 풀어놓고, 또 다른 논에는 미꾸라지와 메기를 함께 풀어놓았다. 그러고는 "가을에 메기를 풀어놓은 논과 미꾸라지만 풀어놓은 논 중 어느 논에서 자란 미꾸라지가 더 튼튼하게 크는지 지켜보자."라고 했다.

결국 가을이 돌아와 양쪽 논에서 잡은 미꾸라지를 비교해보니 메기를 풀어놓은 논의 미꾸라지가 훨씬 통통하면서도 튼튼했다. 그 이유는 메기를 풀어놓은 논의 미꾸라지는 천적인 메기에게 잡아먹히지 않기 위해 부지런히 도망다녀 자연스럽게 운동량이 많아져 먹이 섭취를 더욱 왕성하게 하고 튼튼해진 것이다. 메기가 미꾸라지의 활동을 왕성하게 만드는 촉진제 역할을 한 셈이다. 아버지의 '메기론'을 이건희 회장은 삼성의 인재 경영에 적용했다. 이병철 회장 시절 삼성의 인재 경영은 내부에서 인재를 키우지 아무리 능력이 뛰어나도 외부 사람을 불러 쓰지 않는 게 불문율이었다. 그러나 이건희 회장은 아버지가 지켜온 불문율을 깼다. 반도체 사업을 키우려면 신기술을 개발해야 하는데 삼성 내부의 인력으로는 한계가 있었다. 그래서 세계 최고 수준의 천재들을 외부에서 데리고 와야 한다고 생각하고 천재론을 들고 나왔다. "한 명의 천재가 10만 명을 먹여 살릴 수 있다."라는 게 그의 지론이었다. 천재급 인재가 있다면 파격적인 대우를 하고 사장이 직접 전 세계를 돌면서 그들을 모셔와야 한다고 강조했다. 그는 반도체뿐 아니라 전 분야에서 세계 최고 수준의 천재급을 영입하기 위해 파격적인 조건을 제시했다. 새롭게 영입된 인재들이 실력을 발휘해 신기술을 개발할 수 있도록 언제나 특별하게 배려했다.

아무리 천재급 인재들이라 하더라도 혼자서 일할 수는 없으니 기존 직원들과 함께 팀을 짜서 신기술 개발에 박차를 가했다. 그러자 그룹 내부 사람들끼리 기술 개발을 하던 때와는 사뭇 다른 결과가 나왔다. 외부 인재들은 이미 세계 최고 수준의 기술을 습득한 터라 이미 개발된 기술을 뛰어넘어 새로운 기술에 도전할 수 있었고, 내부 인력으로는 해결할 수 없었던 문제들도 해결의 실마리를 찾아낼 수 있게 됐다. 외부 인재들이 오기 전에는 도저히 해결할 수 없었던 문제들이 하나 둘씩 해결되자 당황한 쪽은 기존의 기술 인력들이었다. 정신이 번쩍 난 그들은 새로운 기술 개발을 하지 못하면 개발 팀에서 탈락될 수도 있으니 더 열심히 공부하고, 새로운 아이디어에 골몰하게 됐다. 결국 탁월한 외부 인재가 '창의적인 메기'가 돼서 기존 기술 인력들을 자극하고 기술을 한 단계 끌어올리는 역할을 했다. 천재와 싸우다 보니 보통 인력들도 천재 수준의 인재가 된 것이다.

6 당신만의 시간과 공간에서 창조하라

창의 고독을 즐길 수 있는 혼자의 공간

창의를 위해서는 고독을 즐길 수 있는 시간과 공간이 필요하다. 아무런 간섭도 받지 않고 혼자 조용히 생각할 시간을 갖다 보면 평소에는 전혀 생각지도 못했던 새로운 아이디어들이 쏟아져나온다. 중세 유럽에도 어떤 공권력도 미치지 못하는 생크튜어리(Sanctuary)라는 장소가 있었다. 이곳에는 많은 범죄자들과 고민하는 자들로 가득했다. 왜 그런 장소가 필요했을까? 인간은 태어날 때부터 법과 규칙 속에서 살아가야 하지만 가끔 법과 질서가 없는 곳에서 지내며 혼자 생각할 수 있는 시간을 가지는 과정이 필요하다. 하지만 혼자서 뭔가를 하는 것을 두려워하는 사람들이 있다. 이들은 혼자 남겨지는 걸 견디지 못한다. 더구나 노는 것도 아니고, 일하기 위해 혼자 남겨진다는 것은 상상조차 할 수 없는 일이다.

그럴 땐 홀로 앉아서 눈을 감고 시간이 그대로 흘러가게 내버려둬라. 조금씩 홀로 있는 시간을 늘려 나가라. 매일 이런 행동을 반복하는 게 중요하다. 매일 일정 시간 동안 정신적인 방황을 하라. 처음엔 아무것도 떠오르지 않지만 이것이 반복될수록 어떤 목표나 단어가 떠오르면서 새로운 생각들이 당신의 머릿속에서 탄생할 것이다.

창의적인 사람이 되기 위해서 잠깐의 고독은 피할 수 없다. 그것은 숙명과도 같다. '창의적 고독의 시간'을 즐길 준비가 됐는가? 그렇다면 아무에게도 간섭받지 않는 당신만의 생크튜어리를 만들어라. 어디든지 상관 없다. 가까운 카페, 공원, 술집도 좋다. 혼자 생각할 수 있는 공간이라면 어떤 곳이든 괜찮다. 그곳에서 당신의 머릿속에 새로운 아이디어들이 넘쳐나도록 하라.

『해리포터』는 동네 카페에서 만들어졌다

『해리포터』의 작가 조앤 롤링은 영국의 한 시골에서 태어났다. 그녀는 어릴 때부터 꿈꾸는 기질이 있었다. 그래서 "우리가 ~이 됐다."라고 상상해 보자는 말을 입에 달고 다녔다. 비록 가난하고, 평범한 소녀에 지나지 않았지만 상상하는 동안만큼은 어느 나라의 예쁜 공주로 변신하기도 하고, 마법사가 돼 자유롭게 하늘을 날 수도 있었다. 이런 상상은 수업시간에도 이어져 상상하며 멍하게 앉아 있다가 선생님에게 혼나는 게 그녀의 일상사였다. 이런 습관은 어른이 돼서도 달라지지 않았다. 일단 상상을 한 번 시작하면 아무리 전화 벨이 울려도 이를 느끼질 못할 만큼 몰입했기 때문에 애써 취직한 회사에서도 해고당하기도 했다.

그 후 마땅한 직업도 없었고 4개월된 딸이 있는 가난한 이혼녀였던 그녀는 정부 보조금으로 근근이 살았다. 우유 살 돈이 충분치 않아 딸에게 물을 탄 우유를 먹여야 했고, 한때는 자살 충동을 느낄 정도로 질밍에 삐져 살았다.

그러다 어린 딸에게까지 가난을 물려줄 수 없다고 생각한 조앤은 자신이 가장 즐겁게 할 수 있는 것으로 돈을 벌기로 결심한다. 자신의 상상력을 글로 펼쳐 보이는 것이었다. 그녀는 매일 단골 찻집인 니콜슨 카페에서 늘 같은 자리에 앉아 글을 썼다. 보통 카페는 수다를 떨거나 미팅을 위한 장소로 적합하다고 생각하지만 그녀는 카페를 세상을 뒤흔들 만한 것을 쓸 장소로 선택했다. 후에 니콜슨 카페에 있는 그녀의 자리는 『해리포터』의 산실로 입 소문에 오르내리면서 관광지가 됐다. 그녀가 자신의 지정석에 앉아 쓴 글은 무려 8만 단어였다. 복사할 돈이 없어 일일이 타이핑해 출판사로 보낸 그녀의 『해리포터와 마법사의 돌』은 보기 좋게 거절당했다. 출판사들은 마법사 이야기가 너무 유치하다며, 이런 이야기는 사람들이 좋아하지 않는다는 이유로 출판을 거절했다. 하지만 그녀는 꿋꿋이 다른 출판사를 찾아 원고를 보내고 또 보냈다. 오랜 기다림 끝에 한통의 전화가 걸려왔고, '크리스토퍼 리틀'이라는 에이전트와 독점 계약을 했다. 1997년, 드디어 『해리포터와 마법사의 돌』은 블룸스베리 출판사에 의해 세상의 빛을 보게 됐고, 이 시리즈는 지금까지 115개국에서 46개 언어로 번역돼 1억 4,000권이나 판매됐다.

누구든지 자신만의 공간과 시간을 가지는 것은 중요하다. 흔히 사람들은 "공부는 도서관에서 하고, 책은 책상에 앉아 읽으라."라고 말한다. 조앤 롤링은 어릴 때부터 시간과 장소를 가리지 않고 자신만의 시간을 가지며 상상의 나래를 펼쳤다. 그게 쌓이고 쌓여 그녀의 상상력을 더욱 막강하게 만들었고, '니콜슨'이라는 카페를 발견해 그녀만의 창작 공간으로 사용하면서 전 세계를 강타한 『해리포터』 시리즈가 나오게 된 것이다.

토요일은 창의적으로 변신하는 날

직장생활을 하다 보면 과중한 업무 때문에 항상 쫓기듯 일을 할 수밖에 없다. 평일에는 아침 일찍 나가고 밤늦게 퇴근하다 보니 많은 직장인들은 쉴 수 있는 토요일을 기다린다. 정작 주말이 되면 죽은 듯 잠만 자며 시간을 보내는 직장인이 있는가 하면, 주말 내내 술을 마시거나 비생산적인 활동으로 시간을 보내는 이들도 있다. 그러나 주 5일

근무가 보편화되면서 토요일을 자기계발과 창의적인 일에 쓰는 사람들이 늘고 있다. 평소에는 시간이 없어서 자신이 하고 싶었던 일을 하지 못했던 사람들도 토요일을 의미 있게 이용한다. 취미 생활을 즐기기도 하고, 학원에 다니면서 기술을 익히기도 한다. 경영대학원도 토요일에만 수업을 하는 대학이 늘면서 직장인들이 석사 학위를 따기 위해 몰려든다.

나도 토요일을 즐긴다. 물론 글을 쓰면서 말이다. 나는 토요일이 글을 쓰기에 가장 좋은 시간이다. 평일에는 고객들과 만나고 강의를 하기 위해 전국을 다니다 보면 집필을 위한 시간을 내기가 쉽지 않다. 평일에는 글을 쓰기 위해 하나 둘씩 자료를 모으고, 스크랩해 두었다가 토요일이면 사무실에 나가서 집중적으로 글을 쓴다. 1년 동안 350일 정도 사무실에 출근한다. 토요일이나 일요일에도 아침 7시면 사무실에 나가 글을 쓰며 시간을 보낸다. 토, 일요일에는 외부에서 전화가 걸려 오는 일도 없고, 나가서 고객을 만나야 하는 일도 없기 때문에 머리가 맑은 아침 7시부터 책상에 앉아 편안한 마음으로 글을 쓴다. 글을 쓰다가 필요한 정보는 인터넷에서 검색도 해보고 적당한 책을 골라 자료를 찾아내기도 한다.

글을 쓸 땐 키보드로 쓰는 게 아니라 하얀 백지에 연필로 글을 쓴다. 아무것도 없는 하얀 백지를 바라보고 있으면 나도 모르게 무한한 가능성을 느끼며 새로운 아이디어가 떠오르기도 한다. 연필은 아니다 싶을 때면 흔적 없이 지우고 새로 시작할 수 있기 때문에 좋다. 종이

는 한 장을 다 쓰고도 마음에 들지 않아 '찌익' 하면서 쓰는 소리와 손
끝에 느껴지는 느낌도 좋다. 평일에는 원고지 10장을 쓰기도 힘들지
만 토요일에는 7시에서 12시까지 집중하다 보면 원고지 50장 정도는
쓸 수 있다. 물론 한 자 한 자 백지에 글을 쓰다 보면 지루할 때도 있
다. 나는 그때마다 모차르트와 베토벤을 생각한다. 모차르트는 35세
의 짧은 생애에도 600곡이 넘는 곡을 작곡했고, 베토벤은 귀가 들리
지 않는 상태에서도 합창 교향곡을 작곡했다. 그리고 그들의 음악을
틀어둔 상태에서 글을 쓴다. 창의적인 일을 하려면 혼자만의 시간과
장소를 가져야 한다. 나는 이를 '독(獨)테크' 라 부른다. 토요일은 독테
크로 창의적인 일을 하라. 무엇인가 새로운 일을 하면 미련 없이 포기
해야 할 것도 있는 법이다.

7

창의의 기쁨은
창의 본능을 자극한다

욘사마가 책을 쓴 이유

지난 2002년에 KBS TV에서 방영된 〈겨울연가〉는 젊은 연인들의 감동적인 사랑 이야기를 주제로 많은 시청자들에게 사랑받았다. 이 드라마로 주연 배우 배용준은 감성적인 남자의 이미지를 가질 수 있었고, 이 드라마가 일본 NHK TV에 방영되면서 큰 인기를 끌었다. 일본 중년 여성들에게 배용준의 인기는 가히 폭발적이어서 '욘사마'라는 애칭을 얻었는데, 배용준이 일본 여성들에게 인기를 얻게 된 것은 사랑하는 여인을 위해 눈물을 흘릴 줄 아는 감성적인 남자라는 점에 있다. 실제로 연예인들은 우뇌형 인간이 많아 감성이 풍부한 편이다. 감성적인 성향을 가지고 있는 연예인들은 일생 동안 연예인으로 활동하는 경우가 많지만 배용준은 좀 달랐다. 그는 연예인뿐 아니라 사업가로 변신해 엔터테인먼트 회사를 운영하고 있다.

사업체를 운영하려면 논리적 사고와 감성적 사고의 결합이 필요하다. 다양한 이해관계가 얽힌 비즈니스 문제를 풀어나가기 위해서는 감성만으로는 성공하기 힘들기 때문이다. 배용준은 2008년에 자신이 직접 쓴 책을 한 권 냈다. 나는 그가 사업상 필요한 논리를 기르기 위해 책을 쓰는 일에 도전했다고 생각한다. 책을 쓰려면 독자의 마음에 호소하는 감성도 있어야 하지만 그 이상으로 논리력도 필요하다. 200~300쪽에 달하는 단행본 원고를 쓰려면 감성 위주의 몇 가지 에피소드만으로는 한계가 있기 때문이다.

배용준은 일단 한국의 숨겨진 아름다움을 일본 사람들에게 알리기 위해 『한국의 아름다움을 찾아 떠난 여행』이라는 책을 기획했다. 1년 동안 한국의 숨겨져 있는 여행지와 문화 유산, 자연, 음식, 차(茶) 등을 발굴하고 다녔다. 물론 본인이 직접 명소와 명인들을 만나기 위해 전국을 돌아다니면서 체험했다. 카메라를 들고 다니면서 직접 한국의 아름다운 모습을 체험하는 과정도 찍었다. 그렇게 1년의 시간이 지나고, 배용준은 1년 동안 자신이 찍은 수천 장의 사진 중 마음에 드는 사진을 고르는 작업과 글 쓰는 작업을 병행하면서 한 권의 책을 완성했다.

『한국의 아름다움을 찾아 떠난 여행』은 일본에서 출간되자마자 5만 부 이상 판매됐고 국내에서도 한 달 만에 4만 부 이상 판매됐다. 연예인이 처음 쓴 책이지만 단숨에 베스트셀러 반열에 올라선 것이다. 배용준에게 "지금까지 살면서 가장 힘든 일이 무엇이었냐?"라고 묻자 주저없이 책을 쓰는 일이 자신이 경험했던 일 중에서 가장 힘든 일이었다고 고백했다. 그는 책의 성공 여부에는 관심이 없었을 것이다. 그가 노린 것은 판매량이 아니라 논리력이기 때문이다. 배용준은 글 쓰는 작업을 통해 논리력 훈련을 했을 것이고, 좌우 뇌를 연결하는 통섭적 사고능력을 키웠을 것이다. 무엇보다 그는 책이 출간됐을 때 드라마나 영화 촬영을 마쳤을 때와는 또 다른 창의의 기쁨을 느꼈을 것이다.

UCC로 죽어가는 창의력을 살려라

일본 도쿄에는 노인들을 위한 '그림 색칠 교실'이 인기를 끌고 있다. 얼핏 들으면 '그림 색칠 교실은 초등학생이나 하는 게 아닌가?' 싶지만 노인들이 그림 색칠 공부를 하는 데는 이유가 있다. 유명한 그림을 보면서 색칠 공부를 하면, 뇌 전체가 균형 있게 움직여 두뇌 건강에 도움이 돼 치매 등 다양한 증상을 예방할 수 있기 때문이다.

고린 대학교의 고사 요시히코 교수는 "글씨를 쓰거나 손가락 운동을 하는 것보다 색칠 공부를 하는 게 혈액 산소인 산화 헤모글로빈의 양을 증가시키기 때문에 두뇌 건강에 도움이 된다."라고 한다. 두 눈으로 색깔을 보면서, 머릿속으로 생각하고, 손을 움직이는 행위는 몸 전체를 사용하는 것이기 때문에 뇌 기능 자극에 골고루 영향을 미치게 된다. 허나 이는 아날로그 시대에서 최적화된 것이고, 디지털 시대에는 그림 그리기나 색칠 공부보다 훨씬 창의적인 일이 바로 UCC를 만드는 것이다. UCC는 자신이 직접 스토리라인을 구성하고 캠코더로 촬영하고 이를 편집해 동영상으로 만드는 완벽한 창작물이다. 그래서 UCC를 만들려면 컴퓨터 사용법을 공부해야 하고 캠코더 촬영법, 동영상 편집법 등 다양한 공부도 할 수 있어서 자기발전에도 도움이 된다.

강릉시 공무원들과 함께 강릉시의 관광자원 발굴을 위한 스토리텔링 워크숍을 진행할 때였다. 강릉은 여름철 해수욕장으로 알려져서 1년에 한 달 정도만 관광객이 찾아오는 곳이었다. 이런 문제점을 해결하기 위해 사계절 내내 관광객들이 꾸준히 찾아올 수 있는 다양한 관광자원의 개발이 절실했다.

공무원들이 숨어 있는 스토리 자원의 발굴을 위해 이곳저곳을 찾아다녔지만 관리 일만 해오던 그들이 창의적인 사고를 요하는 스토리 자원을 발견하기란 쉬운 일이 아니었다. 하지만 그들은 포기하지 않고, 시간과 때를 가리지 않고 온갖 자료를 찾아본 다음에 하나의 힌트를 찾아냈다. 바로 경포호 일대가 철새들의 낙원이라는 사실인 것이다. 강릉은 산과 호수, 강과 바다가 만나는 곳이고 한반도의 중앙 지점에 있어서 겨울 철새와 여름 철새가 교차되는 곳이기도 하다. 그리고 경포호 일대에는 봄, 여름, 가을, 겨울의 변화에 따라 250여 종의 다양한 새들이 머문다는 사실도 알게 됐다. 조류 사진 애호가들이 이 다양한 새들을 찍기 위해 이 곳에 왔지만, 좀 더 많은 사람들에게 계철마다 강릉을 찾아오는 다양한 새들의 모습을 보여주기엔 역부족이었다. 그때 공무원들은 UCC를 생각해냈다. 많은 사람들에게 효율적으로 노출을 하기 위해서는 UCC를 제작하는 방법 밖엔 없었다. 그래서 컨셉트를 '철새의 사계(四季)'로 정하고 철새들의 사진과 동영상을 편집해 UCC로 제작했다. UCC를 만들기 위해 강릉시 공무원들은 그간 한 번도 해 본 적 없는 스토리 시나리오를 짜는 일을 해야 했다. 뿐만 아니라 사진을 찍고 편집해서 동영상을 만드는 일을 하면서 그들 안에 숨어 있던 창의 본능을 일깨울 수 있었다. 결국 그들의 창의 본능으로 만든 UCC는 그 동안 아무도 관심을 가지 않았던 경포호의 철새가 새로운 관광자원이 될 수 있다는 것을 많은 사람들에게 보여줄 수 있었다. 현재 강릉시는 경포호를 철새들의 낙원으로 조성하기 위해 인근 논을 매입해 습지로 되돌리는 작업을 하고 있다. 강릉시 공무원들은 철새를 발굴하고, 살아 있는 생태 관광자원을 만드는 창의적인 일을 하면서 자신의 창의 본능도 발전시키고, 시의 발전까지 도모하는 일을 하고 있다.

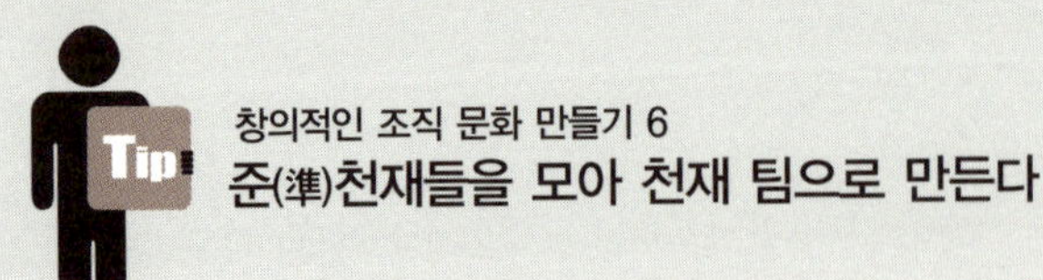

삼성전자의 신상품 개발의 산실인 VIP 센터는 'Value Innovation Process'의 약자로 '가치혁신과정'으로 해석할 수 있다. 삼성전자가 일본의 소니를 추월하고 세계 최고의 전자 회사로 성장한 데는 여러 가지 요인이 있겠지만 〈포춘〉지는 VIP 센터가 큰 역할을 했다고 보도했다. 〈포춘〉은 '삼성전자 성공의 비밀(The secret of Samsung's Success)'이라는 장문의 기사에서 VIP 센터를 집중적으로 소개하며 "삼성전자 수원 사업장에 자리 잡은 VIP 센터엔 회의실마다 엔지니어, 제품 담당자 등이 테이블에 둘러앉아 '로키' '레인보우' 등의 이름이 붙여진 프로젝트에 대해 논의 중이다. 경영자의 끊임없는 위기의식과 함께 VIP 센터는 삼성전자가 성공할 수 있었던 가장 큰 요인"이라고 설명했다. 그리고 때론 합숙까지 하며 짧게는 한 달, 길게는 1년이 걸리는 프로젝트에 열성적으로 참여하는 팀원들의 일상과 에피소드도 자세히 소개했다.

이처럼 삼성전자는 VIP 센터를 통해 제품 기획 초기 단계부터 쓰기 편한 제품 만들기와 원가 절감에 집중한 결과, 경쟁사보다 혁신적인 제품을 내놓을 수 있었다. 제조 원가를 낮추고, 수익 마진을 높이며, 시장 도달 시간을 단축하는 효과도 거뒀다.

〈포춘〉은 또 VIP 센터를 미 항공우주국(NASA)처럼 하나의 목표를 향해 '전력 투구하는 조직'에 비유했는데 특히 CFT(협업팀 Cross Functional Team) 활동에 주목했다. CFT는 여러 부서 사람들이 '부서의 벽을 허물고 고객 가치가 무엇인지 논의하는 팀'을 말한다. CFT팀은 준(準)천재들을 모아 혁신적인 과제를 수행해

나가지만 이런 일련의 과정을 겪으면서 마침내 그들은 천재 집단이 된다. 〈포춘〉이 지적했듯이 신상품 기획 과제가 끝날 때까지 기술자뿐 아니라 마케팅, 영업, 생산 등 전 단계에 관련된 직원들이 한 팀을 이뤄 진행하는 CFT 활동이 삼성전자의 저력 중 하나다.

각 분야의 전문 인력이 상품화 기획 초기 단계부터 모여 '가치 캔버스'로 상품의 컨셉트를 만들고, 트리즈(TRIZ)를 응용해 새로운 아이디어를 내놓기 때문에 아무도 상상하지 못한 혁신적인 제품을 만들어내기도 한다. 이를 증명이라도 하듯 1년에 100여 개의 과제에 2천여 명의 전문 인력이 참여해 삼성의 대표 상품인 애니콜, DVD 콤보, 파브, 센스 Q, 마이젯, 지펠 냉장고 등 빅히트 상품을 탄생시키는 쾌거를 이루기도 했다.

3장
서른에 창의 천재가 되는 방법

Creativity Instinct

창의 천재들은 어떻게 생각하나

영원히 시들지 않는 꽃을 만들어라

창의력을 어렵게 생각하고 쉽게 다가가지 못하는 이유는 사람들이 창의력에 대해 오해하고 있기 때문이다. 창의력은 무(無)에서 유(有)를 만들어내는 능력이 아니다. 창의력은 기존 정보를 적절하게 수집하고 독특한 방법으로 조합해 유용한 결과를 얻어내는 능력이다. 창의력을 효과적으로 발휘하려면 지식의 소통과 융합으로 새로운 것을 만들어내는 '통섭(統攝, Consilience) 사고'로 우뇌의 상상력과 좌뇌의 판단력이 유기적으로 협력해야 한다.

대부분의 사람들이 논리적 사고를 하기 때문에 기존 시장에서 비슷한 상품으로 경쟁하는 일이 반복된다. 치열한 경쟁에서 벗어나 새로운 시장을 찾으려면 기존의 생각을 수정할 게 아니라 아예 발상부터 바꿔야 한다. 하나의 사실이나 문제를 생각할 때 기존의 논리적 사고에서 벗어나 발상을 전환해 감성적 사고로 접근해보자. 가령 꽃이라는 대상을 생각해보자. 꽃에 대한 논리적 사고는 '꽃은 시든다'이다. 여기서 생각이 멈춘다면 꽃이 시들기 전에 상품화를 가능케 하는 아이디어가 나올 것이다. 꽃꽂이를 한다든지 조금이라도 덜 시들게 하기 위해 수분을 공급하는 도구를 개발해야 한다는 생각을 할 것이다. 이런 생각들은 이미 몇 십 년, 몇 백 년 동안 수많은 사람들이 해왔던 생각들이다. 동일 상품이 이미 있기 때문에 아무리 같은 걸 시장에 내놓아도 별다른 호응을 얻을 수 없다.

그렇다면 한걸음 나아가 발상을 180°로 바꿔보자. 꽃은 시들지 않는다고 생각을 전환해 보자. 물론 논리적인 사람들에겐 말도 되지 않는 정의다. 그러나 때론 감성적 사고가 새로운 것을 만들어낼 수 있다는 믿음을 가지고 계속 진행해보자. 꽃은 시들지 않는다는 생각을 완전히 전환하는 것 자체가 바로 통섭적 사고다. 대부분의 사람들은 이런 형태의 비논리적인 감성 사고를 하지 않는다. 그러나 감성적 사고가 상상만으로 끝나면 아무 의미가 없다. 다른 대상과 재결합을 시도하면서 새로운 아이디어가 떠오를 수 있도록 유도해야 한다. 이를테면 '꽃은 시들지 않는다. 그럼, 시들지 않는 꽃을 어떻게 만들 수 있을까?'라는 생각을 하면서 '조화(造花)'를 떠올리는 과정을 거치면 되는 것이다. 논리만으로 가득 채운 생각이 아닌, 감성이 깃든 통섭 사고를 시도함으로써 다른 사람들과는 전혀 다른 상품인 조화를 생각할 수 있다. 대부분의 사람들이 꽃을 언젠가는 시들어버릴 생화(生花)로만 생각할 때 조화를 새롭게 발명한 사람은 꽃은 시들지 않을 수 있다고 발상을 바꾼 것이다. 그래서 시들지 않는 조화라는 새로운 상품을 고안할 수 있었다.

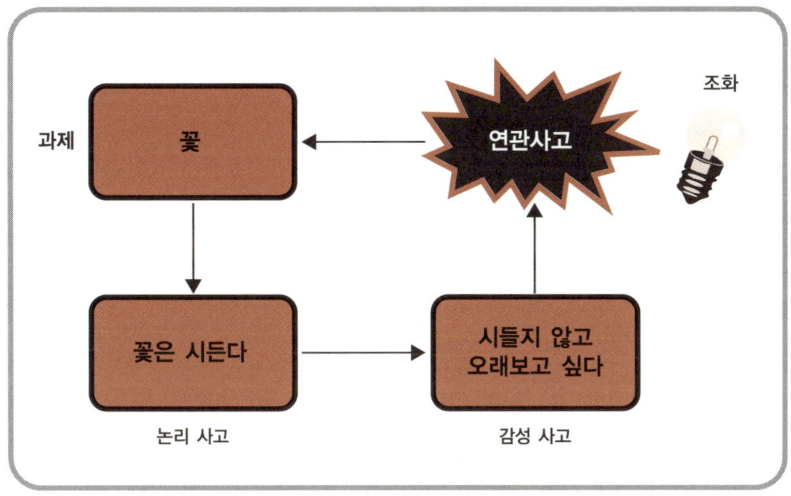

과제의 정의(좌뇌) → 아이디어 도출(우뇌) → 아이디어 검증(좌뇌) → 실행 계획 수립(좌뇌) → 실행 계획 설득(우뇌)

비즈니스적인 문제를 해결할 때는 논리적 사고와 감성적 사고를 왔다 갔다 하게 된다. 이땐 문제를 해결하는 단계에 따라 좌뇌 사고와 우뇌 사고를 연결하는 통섭형 사고를 통해 효과적으로 일을 처리할 수 있다.

머리를 완전히 비우고 시작하라

우리는 스스로 잘 인식하지 못하지만 많은 예측을 하며 살아간다. 어떤 상황을 놓고 결과를 예측하는 것은 굉장히 위험한 일이다. 예측이란 어떤 사람을 보며 이럴 것이라고 생각하는 것이며, 어떤 상황 앞에서는 이렇게 될 것이라고 미리 결론을 짓는 것이다. 어떤 상황을 앞에 둔 상태에서 강하게 예측하는 사람은 아무리 옆에서 그것이 틀렸다고 말해도 받아들이지 않는다. 오히려 자신의 생각을 더 고집할 뿐이다. 그런 사람은 예측을 잘하는 사람이 아니라 고정관념에 빠진 사람이다.

예측이란 어쩔 수 없는 과거의 산물이다. 자신의 경험을 통해 예측을 하기 때문이다. 물론 경험을 통한 예측의 장점도 있지만 한 번 경험한 것 때문에 다른 가능성을 생각할 수 없는 오류를 범할 수도 있다. '이건 해도 안 될 거야.' '별다른 방법이 있겠어?'라고 쉽게 포기하는 사람들은 대부분 과거에 실패했던 경험을 가지고 있기 때문이다. 이런 예측은 창의 본능을 일깨우는 데 전혀 도움이 되지 않는다. 된다는 가능성보다 안 될 거라는 가능성에 더 비중을 두고 행동하는 사람에겐 새로운 아이디어를 기대할 수 없다.

만약 이런 상태라면 어떤 일을 시작할 때 완전히 머리를 비우고 시작해야 한다. 즉, '제로베이스 사고'를 해야 하는데 이는 과거의 모든 경험을 잊는 것이다. 그리고 뭐든지 가능하다는 포용성을 가지고 시작해야 한다. 연 매출 3,000억 원 정도의 중견 중소기업 연구소에서 시장성이 높은 상품을 개발하기 위해 매일 야근을 하며 연구를 하던 K대리는 이런 고민을 털어놓았다.

"전 시장성이 높은 상품을 개발하기 위해 이렇게 애를 쓰는데 왜 제가 만든 제품이 시장에서 잘 안 먹히는지 모르겠습니다."

나는 그에게 마케팅 강의를 추천했다. 그는 의아한 표정으로 "전 상품을 개발을 하는 사람이지 마케팅하는 사람이 아닌데요?"라고 반문했다. 어쨌든 그는 마케팅 강의를 들었고, 수강을 마치자마자 이렇게 말했다.

"그간 제가 연구에만 몰두했지 마케팅이나 전략에 대해서는 전혀 생각하지 않았던 것 같습니다. 새로운 눈을 얻은 것 같습니다."

그는 이제 상품을 만들 때 상품의 미래를 볼 수 있는 전략적 발상을 한다. 마치 서툰 예측으로 실패를 선택하는 오류는 더 이상 범하지 않는다. 지금까지 그는 연구 개발에 몰두하며 쌓았던 경험으로 '이 상품은 잘될 거야.'라는 근거 없는 예측으로 시장성이 없는 상품을 만들었던 것이다. 모차르트도 "나는 매일 밤 죽고, 아침에 다시 새롭게 태어난다."라고 말하며 제로베이스 사고의 중요성에 대해서 언급했다. 창의 본능이 있는 사람의 특징은 과거를 쉽게 잊는다는 것이다.

어제의 성공이나 실패에 연연하지 않기 때문에 오늘 더욱더 새로운 아이디어를 생각할 수 있는 것이다.

상관없는 것들의 관계성을 찾아라

창의성 교육을 하다 보면 교육생들이 이런 말을 자주 한다.

"저는 창의성이 없는 사람입니다."

비단 한국에서만 존재하는 유형은 아니다. 어느 나라를 가도 언제든지 만날 수 있는 전 세계적인 현상이다. 도대체 사람들은 왜 스스로 창의성이 없다고 생각하는 것일까? 창의성에 대해 착각을 하고 있기 때문이다. 나는 좀 더 실질적이고 자신의 삶에 도움이 되는 창의성을 말한다. 이를테면 창의성은 개를 헤엄치게 만드는 것이다. 개는 헤엄을 치지 못하는 동물이지만 물에 빠졌을 때 헤엄을 치며 죽기 살기로 버둥거리는 순간이 있다. 그 순간은 바로 그들이 짖기를 멈춘 순간이다.

사람 역시 마찬가지다. 자신이 문제에 직면했다고 판단되면 비로소 생각을 하기 시작한다. 주변에 실질적인 도움을 주는 창의적인 사람이 되기 위해서는 100%의 창의적인 아이디어를 생각해내는 사람이 아니라 직면한 문제를 해결하는 사람이 될 수 있어야 한다. 무작정 창의적인 생각만을 요구하는 것은 문제가 뭔지도 모른 채 해결방법을 알려주는 컨설던트와 다를 바 없다. 구체적인 문제가 나타나지 않은 상태에서 무작정 일을 시작하는 것은 머지않아 엄청난 실패를 겪을 수 있는 가능성이 높다.

그러므로 창의성을 발휘하기 위해서는 반드시 문제를 찾아내 그 성격을 철저하게 밝히는 작업이 선행돼야 한다. 일단 문제에 대한 강력한 호기심이 필요하다. 그리고 문제 해결에 대한 사회통념상 가능한 해결방법이라고 규정된 선을 넘을 줄 아는 유연한 태도가 필요하다. 자신도 모르게 정해놓은 '이 정도를 넘어서면 안 된다.'라는 선이 있다면 그 선마저 과감하게 넘어서자. 스스로 만든 선이 자신의 창의성을 제한할 수 있다. 어떤 영역의 구분도 없이 전혀 상관없어 보이는 것들의 관계에서 아이디어를 찾아낼 수 있어야 한다. 고정적인 생각과 판에 박힌 생각은 새로운 아이디어를 주지 않는다. 창의성은 아무런 관계가 없어 보이는 것들의 관계성을 찾는 것부터 시작된다.

때론 동기부여로 창의력을 자극하라

보통 기업에서는 직원들의 창의성을 장려하기 위해 새로운 아이디어를 제안하면 한 달에 한 명씩 선정해서 인센티브를 주는 프로젝트를 많이 진행한다. 그러나 수많은 기업에서 이런 프로젝트를 수십 년 동안 해왔지만 이렇다할 성과를 얻었다는 이야기는 거의 듣지 못했다. 직원들의 입장에서는 정말 창의적인 생각을 하고 싶어서 하는 게 아니라 할 수 없이 아이디어를 내는 경우가 다반사이기 때문이다. 상황이 이러니 좋은 아이디어가 나올 수 없다.

사람들은 보다 본질적으로 동기부여를 받을 때 좋은 아이디어를 낸다. '나는 이번 프로젝트가 정말 마음에 들어. 그래서 열심히 하고 있어.'라는 생각을 가진 직원들에게는 따로 임무를 주지 않아도 스스로 엄청난 노력을 하며 일을 잘하기 위해 창의적인 아이디어를 많이 낸다. 그렇게 사람들은 누군가의 지시를 받고 일할 때보다 스스로 동기부여를 받고 일할 때 창의적인 생각과 아이디어를 많이 낸다.

세계시장을 주도하고 있는 디자인 회사인 아이데오는 조직 내에 단 한 분야에만 규율을 적용하고 있는데, 그것은 바로 창의적인 브레인스토밍이다. 아이데오 사내 규칙과 규율에 대해 오가는 대화는 다음과 같다.

"문제가 뭐죠? 강아지를 회사에 데려오고 싶다고요? 그렇게 하세요. 사무실에 테라스를 만들고 실외용 가구를 안으로 들여놓고 싶다고요? 마음대로 하세요. 곰인형을 사무실 천정에 매달아 놓으면 창의력이 좋아질 것 같다고요? 네 그렇게 하세요. 어떻게든 마음에 드는 곰인형을 구해서 천정에 달아놓으세요. 그러나 알아둬야 할 게 하나 있어요. 당신이 원하는 이 모든 것을 다 설치하고 나면, 창의성을 도출하기 위한 브레인스토밍 과정에서 당신의 아이디어를 성급하게 평가할 수도 있다는 것에 유의해야 할 거에요.”

이 회사가 지칠 줄 모르고 성장하고 있는 데는 이런 비밀이 있다. 창의성이 마구잡이로 생겨나는 게 아니라는 것을 알고 있기 때문에 동기부여를 시켜주는 것이다. 창의적인 아이디어가 나온다면 뭐든지 다 해주지만 대신 그 결과는 반드시 좋아야 하고, 서둘러 평가받을 수 있다는 느낌을 전달해 주며 동기부여를 시키는 것이다.

연관 사고로 탄생한 아이폰

세계에서 가장 창의적인 CEO를 꼽으라면 많은 사람들이 애플의 스티브 잡스를 거론할 것이다. 그는 어떻게 해서 그렇게 혁신적인 아이디어를 낼 수 있으며, 내놓은 상품마다 공전의 히트를 칠 수 있는 것일까? 평소 이를 궁금해 하던 기자가 스티브 잡스에게 물었다.

“당신의 창의성은 어디에서 나오는 것입니까?”

그러자 스티브 잡스는 그건 어려운 문제가 아니라는 듯 웃는 얼굴로 이렇게 답했다.

"창의성은 여러 요소를 연결하는 데서 나옵니다. 즉, 자신의 경험과 새로운 것들을 연결하는 연관 사고(Associational thinking)를 남보다 많이 하는 데서 나오죠. 우리 업계에 종사하는 사람들의 상당수는 다양한 경험을 하지 못한 사람들입니다. 그래서 서로를 연결하는 소재가 부족하다 보니 결국 해당 문제에 대해 폭넓은 관점을 견지하지 못한 채 1차원적인 해결안만 내놓게 되죠. 그런 상태에서 창의적인 아이디어를 기대할 수는 없어요. 자신의 경험과 타인의 경험에 대해 폭넓은 이해를 한 사람일수록 창의적인 아이디어를 내놓을 수 있기 때문입니다."

연관 사고(Associational Thinking)는 겉보기에는 전혀 상관없어 보이는 것들을 연결해서 관계성을 찾고 이를 재결합해 새로운 아이디어를 내는 활동이다. 애플의 역사 역시 마찬가지다. 지금 애플은 각종 다양한 상품을 만들고 있지만 사실 애플(Apple)은 원래 퍼스널 컴퓨터를 전문으로 생산하던 회사였다. 하지만 애플은 퍼스널 컴퓨터 사업의 부진으로 고전하자, 스티브 잡스를 다시 불렀고 새로운 변화를 꾀했다. 그리고 스티브 잡스는 퍼스널 컴퓨터 사업의 한계를 극복하기 위해 음악 엔터테인먼트 기기인 아이팟(iPOD)을 개발했고, 아이팟은 출시하자마자 전 세계를 강타한 히트 상품이 됐다.

스티브 잡스는 아이팟의 성공에만 머물지 않고, 바로 휴대전화 사업을 준비했다. 하지만 당시 애플엔 이동 통신에 대한 기술을 가진 사람도 없었고, 휴대전화를 생산할 수 있는 시설도 보유하지 않은 상태였다. 모든 사람들이 애플이 휴대전화 사업을 한다는 건 무모한 일이라고 생각하고 말렸지만 그의 생각은 달랐다. 그는 아무것도 가지고 있지 않기 때문에 가장 이상적인 휴대전화를 만들 수 있다고 생각했다.

스티브 잡스가 애초에 생각한 것은 '미래에는 어떤 휴대전화가 필요할 것인가?'였지 '지금 있는 휴대전화를 어떻게 개선하느냐?'가 아니었다. 다른 사람과 발상 자체가 다른 접근법이었다. 소니가 처음 휴대전화 사업을 할 때도, 기존에 휴대전화를 만들던 회사인 유럽의 에릭슨을 인수해 그 기술 그대로 소니 에릭슨을 만드는 방식이었다. 그때 소니는 에릭슨이 이미 가지고 있는 제품에 '조금 개선된' 뮤직폰을 내놓았으나 그 정도의 개선으로 시장에서 반응을 이끌어내기란 힘들었다.

스티브 잡스는 소니가 왜 실패했는지 알고 있었다. 그래서 더욱더 소니의 전처를 밟을 수 없다는 생각에 '고객이 갖고 싶어하는 미래의 휴대전화가 무엇일까?'를 생각했다. 그는 인터넷 발달로 고객들은 휴대전화에서 인터넷을 자유롭게 이용하기를 원하고, 게다가 다양한 콘텐츠를 즐기기를 원할 것이라고 생각했다. 그리고 그것을 구현하려면 기존의 키패드가 있는 휴대전화로는 한계가 있을 것이라고 판단했다. 그래서 결국 키패드가 없는 휴대전화를 생각하게 됐고, 화면 전체를 터치하는 터치폰을 디자인하기 시작했다. 이 과정을 창의 사고 모델로 보면 다음과 같다.

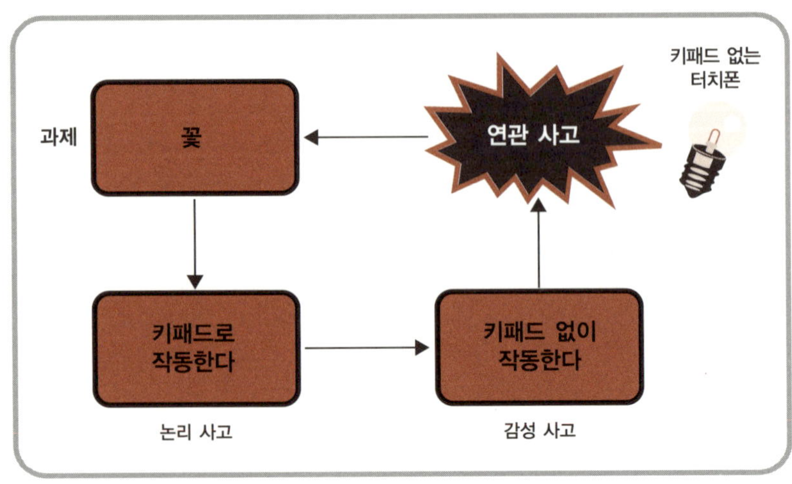

기존의 모든 휴대전화는 키패드를 통해 작동된다. 이는 지극히 상식적인 정보이므로 휴대전화 설계자들은 모든 기기를 설계할 때 키패드는 절대 변할 수 없는 기본 사항으로 생각한다. 다만 '키패드를 크게 하느냐, 작게 하느냐' '키패드의 재질을 플라스틱으로 하느냐 금속 재료로 바꾸느냐'를 가지고 개선하는 정도에 머물렀다. 아무리 생각해도 그들은 키패드가 있어야 한다는 고정 관념의 벽을 벗어나지 못했다.

그러나 스티브 잡스는 가장 먼저 휴대전화는 키패드 없이 작동될 수 있다고 생각했다. 그는 매킨토시 PC를 개발할 때도 비슷한 생각을 했다. IBM PC를 포함해 모든 PC가 키보드로 작동할 때, 매킨토시를 화면의 아이콘(Icon)과 마우스(Mouse)로 작동할 수 있도록 획기적으로 바꾼 게 그였다. 그는 매킨토시를 개발할 때처럼 휴대전화를 개발할 때도 '키패드를 없애고 화면을 터치하는 방식으로 바꾸어보자.'라는 창의적인 생각을 했다. 남들은 엄두조차 내지 못하는 고정관념의 벽을 한 번에 뛰어넘어 키패드 없는 휴대전화를 생각하자, 일을 진행할 수 있는 또 다른 생각들이 쏟아져 나왔다. 키패드를 사라지게 했으므로 이젠 화면 전체를 새롭게 디자인할 수 있게 됐고, 화면에 멋진 아이콘을 집어넣을 수 있게 된 것이다. 결국 아이콘을 터치하는 것만으로 인터넷에 손쉽게 접속할 수 있는 스마트폰을 만들었다. 또한 화면이 넓어졌으므로 동영상 서비스가 가능해져서 멀티미디어를 자유롭게 이용할 수 있는 새로운 기회를 잡은 것이다

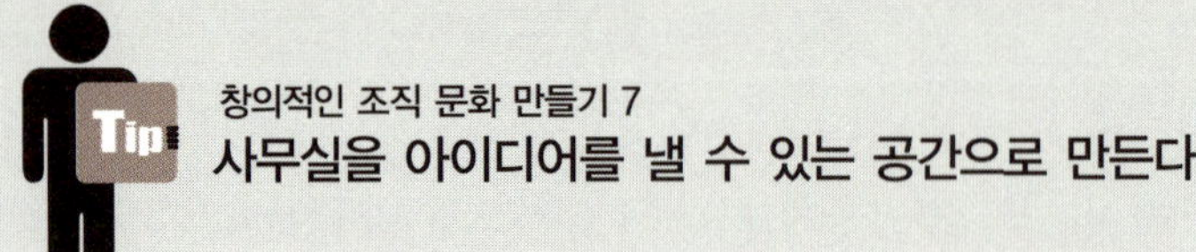

급한 일을 처리해야 해서 컴퓨터를 켰는데 마침 마우스가 작동하지 않으면 기분이 어떨까? 물론 키보드를 통해 아주 천천히 일을 처리할 수는 있겠지만 익숙하지 않은 사람에겐 고역일 것이다. 결국 마우스의 소중함을 느낄 수 있을 것이다. 이렇게 전 세계 사람들이 매일 같이 사용하고 있는 마우스는 누가 개발했을까?

개발의 시작은 스티브 잡스였다. 스티브 잡스가 퍼스널 컴퓨터를 개발할 당시 디자인 회사인 아이데오(IDEO)에 의뢰해 마우스를 디자인했다. 아이데오가 디자인한 마우스는 우리를 키보드 공포에서 해방시켰고, 간단한 클릭으로 PC를 조작할 수 있게 만들어주었다.

아이데오는 세계 최고의 제품 개발 디자인 회사로서 P&G, 마이크로소프트, HP뿐 아니라 우리나라의 삼성, SK텔레콤도 이 회사의 고객이다. P&G의 앨런 래플리 회장은 아이데오의 혁신 비결을 배우기 위해 전 임원을 아이데오에 보내 몰입 교육을 시키기도 했다.

대체 아이데오에는 다른 곳에 없는 무엇이 존재하는 것일까? 미국 팔론알토에 있는 직원 500명의 이 회사를 전 세계 초일류 기업들이 즐겨 찾는 이유는 이 회사에 '창의적인 사람'들이 많기 때문이다.

아이데오의 팀 브라운 사장은 "우리가 원하는 인재는 전문가인 동시에 인간을 두루 이해할 수 있는 사람이다. 우리는 그걸 T자형 인재라고 부른다."고 말하며 경쟁력의 원천은 사람이라고 강조한다.

T자형 인재는 특정 분야에서 전문가적인 지식을 가지고 있으면서 자신과 무

관한 다른 분야까지 폭넓은 지식을 보유한 사람을 말한다. 예를 들면, 인문학적 소양을 보유한 공학 박사나, 기술력을 갖춘 경영학 석사와 같은 사람이다. 과거엔 한 분야만 잘 알면 모든 게 해결됐지만 이젠 알파벳 T자 모양처럼 깊이뿐 아니라 폭도 넓어야 한다. 자기 분야는 잘 알지만 다른 분야를 모르는 I형 인재가 설자리는 점점 좁아지고 있다. 실제로 아이데오에는 MBA 출신은 소수다. 대신 산업디자인, 건축학, 역사학, 엔지니어 등 다양한 배경을 가진 사람들이 사물을 관찰하고 의견을 나누고, 함께 도움을 주며 프로젝트를 이끌어나간다.

아이데오의 근무 환경 역시 파격적이다. 회사의 성격 대로 기존 사무실과는 판이하게 다르다. 사무 공간과 함께 아이디어를 공유할 수 있는 각종 도구가 룸 중앙에 배치돼 있고, 브레인스토밍을 할 수 있는 공간이 많이 있다. 브레인스토밍을 하는 방은 좀 더 특이한데 벽에는 아이디어 회의를 하다가 생각난 것들을 적은 플립 차트나 포스트잇으로 가득하다. 새롭게 나온 아이디어들은 그 자리에서 정리하면서, 만들어볼 수 있는 것은 즉석에서 재현해 보거나 아이디어를 더 좋은 방향으로 수정해 나가기도 한다. 사무실 책상에도 컴퓨터와 각종 자료, 장비들이 정리되지 않은 상태로 널려 있다. 천장에는 자신들이 타고 다니는 자전거나 모형 비행기가 매달려 있다. 샌프란시스코 사무실에 근무하는 직원들은 샌프란시스코 베이와 연결돼 있는 베란다에서 바다를 보면서 회의하거나 휴식을 취하는 등 창의력이 가득한 직장생활을 만끽한다. 이렇게 자율과 창의를 중시하는 기업 문화와 환경은 직원들을 창의적인 인재로 만든다.

2 삼성전자의 창의 비밀

트리즈(TRIZ)로 창의 천재들의 생각을 훔쳐라

삼성전자가 새로운 것을 잘 만드는 비결은 무엇일까? 20여 년 전만해도 삼성전자는 일본의 제품을 그대로 따라하는 카피어(Copier)에 불과했다. 삼성전자의 초기 제품인 TV, 세탁기, 냉장고 등 어느 것 하나자체적으로 개발한 것은 없었다. 모두 일본 가전(家電) 회사 제품을 비슷하게 만든 것에 불과했다. 겉모양만 조금 바꾸겠다는 생각으로 만들었기 때문에 일본 회사의 설계 도면을 이용하는 경우도 많았고, 부품 역시 대부분 일본 부품 회사들이 일본 세트 메이커에 납품하던 것을 그대로 수입해서 썼다. 내가 근무하던 삼성전자의 컴퓨터 사업 부문 역시 미국 컴퓨터를 수입해서 판매하거나 일부만 국산화하고 주요제품을 수입해서 조립했다. 카피어에 머물던 삼성전자가 달라진 것은 반도체 사업을 시작하면서부터다. 본격적으로 반도체 사업에 착수해 가열차게 기술 개발을 하자 그 여파가 점점 다른 전자 제품들의 기술 개발에도 미치게 됐다. 이때 삼성전자 직원들에게 창의력을 높여준 프로그램이 있었는데 그것이 바로 트리즈(TRIZ)다. 삼성전자와 삼성종합기술원에서 일하는 직원들은 기술 개발과 상품 개발에 있어 새로운 아이디어를 낼 때 트리즈(TRIZ)라는 기법을 활용한다.

트리즈(TRIZ)는 러시아에서 개발된 창의력 기법으로 한때는 외부에 유출되지 않도록 군사 기밀처럼 취급될 정도로 그 실체를 보호했던 기법이다. 러시아의 비밀 병기처럼 여겨졌던 트리즈가 자본주의 사회에 알려지게 된 것은 구 소련연방이 붕괴된 이후의 일이다. 러시아의 트리즈 전문가들이 미국이나 유럽으로 퍼져 나가면서 '트리즈 학회'의 비밀 내용들이 알려지기 시작했다. 이것을 삼성전자 기술자들이 접하게 됐고, 윤종용 전 부회장에게까지 알려지게 됐다. 엔지니어 출신이었던 윤종용 부회장은 단번에 트리즈의 우수성을 간파하고 전사적으로 도입할 것을 지시했다. 이때 삼성전자는 트리즈 전문가를 러시아에서 특별 초빙해 그 기법을 전수받았다. 트리즈가 신기술 개발에 유용할 뿐 아니라 특히 미국 특허를 받는 데 도움이 된다고 판단한 삼성전자는 삼성종합기술원에서 트리즈 전문가를 양성하기 시작했다. 이때부터 삼성종합기술원에는 러시아의 트리즈 전문가들이 상주하면서 기술 문제 해결과 특허 신청에 도움을 줬다. 트리즈의 우수성이 삼성의 최고 경영진들에 의해 인정받은 후 삼성전자, 삼성전기, 삼성중공업, 삼성건설 등에서도 트리즈 전문가를 양성하기 시작했으며 지금도 이 기법을 기술 개발에 응용하고 있다.

삼성은 전통적으로 특유의 관리 문화가 뿌리 깊게 자리 잡고 있다. 하지만 이 관리 문화가 본질적으로 직원들의 창의성을 저해한다는 약점을 안고 있다는 게 문제였다. 연구 개발은 뛰어난 창의성을 요구하는 데 반해 삼성의 내부 관리방식은 지극히 관리적이라는 모순을 안고 있었던 것이다. 이 모순을 해결하는 과정에서 트리즈가 큰 도움이 됐다.

트리즈는 새로운 아이디어를 내는 데 좋은 방법일 뿐 아니라 이를 통해 나온 아이디어가 국제특허에 어떤 영향을 미치는지 비교할 수 있어서 더욱 유용했다. 삼성은 트리즈를 이용해 미국 특허국의 자료를 검토할 수 있었고 이를 미국 특허 신청 과정에 활용했다. 현재 트리즈를 이용한 삼성의 특허 신청은 무려 3,000여 건이 넘으며, 미국 특허 취득에 있어서도 세계 1위인 IBM 다음으로 2위를 차지하고 있다. 트리즈는 최근에도 창의 경영의 실천 방법론으로써 생산, 마케팅, 프로세스 분야에도 적용되고 있다.

40가지 원리로 창의 최고봉을!

창의력 기법의 최고봉이라 할 수 있는 트리즈(TRIZ)를 개발한 G 알츠슐러 박사는 구 소련의 해군에서 특허심사관으로 일했다. 러시아 특허를 20만 건 정도 심사한 그는 '특허를 받은 기술과 받지 못한 기술의 차이가 무엇인가?'에 관심을 가졌다. 특허를 받은 기술의 특성을 분석해 몇 가지 공통점을 발견한 그는 20년 동안 기본 원리를 정리해 40가지로 압축했다. 여기에 특허를 받은 기술들을 재정리하는 방식을 거쳐 더욱 심도 있게 구성된 40가지 창의성 원리를 보면 특허를 받은 천재적인 아이디어들을 일목요연하게 파악할 수 있다. 기술 형태는 다르지만 원리로 들어가면 응용 가능한 새로운 아이디어를 발견할 수 있기 때문에 엔지니어들은 이 40가지 창의성 원리를 소중하게 생각했다. 아쉽다면 알츠슐러가 50여 년 전에 이 원리들을 정리했던 당시에는 구 소련의 비즈니스가 활발하지 않았기 때문에 주로 기술적인 사례로만 집중돼 있다는 점이다.

이후 미국과 유럽의 트리즈 전문가들이 트리즈를 비즈니스 창의력에 이용함으로써 40가지 창의성 원리에 비즈니스 사례들이 추가됐다. 그러나 40가지 창의성 원리가 비즈니스 부문에 널리 이용되려면 용어가 보다 쉽게 표현돼야 한다고 생각한 나는 카이스트(KAIST) 테크노경영대학원의 김성희 교수 팀과 함께 트리즈의 원리를 쉬운 표현으로 바꾸는 작업을 했다. 알츠슐러 박사가 정리한 40가지 창의성 원리의 기본 체계를 살리면서 디지털 시대의 비즈니스 사례까지 수용할 수 있는 '신(新) 40가지 창의성 원리'는 다음과 같다.

신(新) 40가지 창의성 원리

1. 나눠라	21. 유해하다면 빨리 진행하라
2. 뽑아내라	22. 유해한 것을 유익한 것으로 바꿔라
3. 국부적으로 최적화하라	23. 피드백을 이용하라
4. 차별화하라	24. 중간 매개체를 이용하라
5. 한 번에 동시에 하라	25. 사용자가 하게 하라
6. 하나에 여러 기능을 연계하라	26. 벤치마킹하라
7. 짝짓기하라	27. 값싼 방법을 고안하라
8. 개방을 활성화하라	28. 비유를 들어 예시하라
9. 미리 반대 방향으로 조치하라	29. 유동성을 부여하라
10. 미리 조치하라	30. 보조 수단을 강구하라
11. 미리 예방하라	31. 단순화, 가볍게 하라
12. 효과적인 자원을 도출하라	32. 기술로 다시 보라
13. 거꾸로 하라	33. 본질을 고수하라
14. 곧은 개념을 구부려라	34. 버리거나 다시 써라
15. 부분적으로 자율권을 부여하라	35. 속성을 변화시켜라
16. 극단적으로 생각하라	36. 전체의 본질을 바꿔라
17. 다른 각도에서 보라	37. 요인을 팽창, 수축시켜라
18. 고정 변수를 변화시켜라	38. 자극하라
19. 연속적이 아니라 주기적으로 하라	39. 안정시켜라
20. 유용한 작용을 지속시켜라	40. 융합시켜라

40가지 창의성 원리에 각각 감성(感性) 사고를 할 수 있도록 감성 응용 사례를 설명했다. 또 각각의 원리마다 최근에 성공한 비즈니스 아이디어를 소개함으로써 독자들이 원리를 쉽게 이해하고 이를 자신의 과제 해결에 응용하는 데 힌트가 될 수 있도록 만들었다.

연관 사고를 깨우는 40가지 창의성 원리

창의성의 원리가 실제로 응용된 사례를 40개로 나눠 이해하기 쉽게 설명해 놓았다. 이 40가지의 창의성 원리는 성공한 아이디어들의 기본 원리를 정리한 것이기 때문에 누구나 다양하게 응용할 수 있다. '나도 창의적인 아이디어를 낼 수 있다.'라는 자신감만 있으면 긍정적인 효과를 얻을 수 있을 것이다.

01. 나눠라 2005년에 발매한 닌텐도DS는 화면이 두 개로 분할돼 있다. 한쪽 화면은 게임용으로 쓰이지만 다른 한쪽 화면에는 게임 조작 방법이 표시돼 초보자도 쉽게 게임을 할 수 있도록 했다.

02. 뽑아내라 캐나다의 〈태양의 서커스〉는 동물이 등장하는 기존의 서커스에서 동물을 뽑아내고 '사람'을 넣어 동물보다 사람 중심인 예술적인 서커스를 창출했다.

03. 국부적으로 최적화하라 전체를 모두 좋게 하기보단 국부적(局部的)으로 최적화하라는 의미다. 한국의 휴대전화 업체는 개발도상국가에는 저가폰을 공급하고, 선진국에는 고기능 휴대전화를 개발해 고가로 공급하고 있다.

04. 차별화하라 모든 것을 똑같은 모양으로 할 게 아니라 디자인을 차별화하는 것이다. 애플(Apple)은 초기에 휴대전화 시장에 진입할 때 기존 제품과는 차별화된 디자인의 터치폰을 개발했다.

05. 한 번에 동시에 하라 스타벅스는 바리스타가 고객의 주문을 받고, 커피를 제조하고, 서비스까지 하는 등 여러 일을 동시에 하게 했다.

06. 하나에 여러 기능을 연계하라 스위스 아미 나이프(Swiss Army Knife)는 작은 칼집 안에 드라이버, 가위 등 여러 기능을 포개어 집어 넣었다.

07. 짝짓기하라 과거에는 병원마다 고유한 이름을 썼으나 '예치과'는 하나의 브랜드에 여러 병원들을 짝짓기함으로써 이를 적극적인 브랜드 마케팅에 활용했다.

08. 개방을 활성화하라 TV 드라마나 영화에 상품을 협찬해 자연스럽게 노출하는 광고인 PPL 방식이 가장 많이 쓰이고 있다.

09. 미리 반대 방향으로 조치하라 송전탑을 건설할 때 전선이 온도에 따라 팽창과 수축 작용을 하는 점에 착안, 전선의 팽창에 대비해 미리 여유 전선을 애자에 설치해 놓았다.

10. 미리 조치하라 항공권이나 열차권을 인터넷에서 미리 발급해 놓으면 직원들은 번거로운 창구 업무를 줄일 수 있고, 손님들은 창구에 긴 줄을 서며 기다리지 않아도 된다.

11. 미리 예방하라 자동차 사고 시 운전자를 보호하기 위해 차에 에어백을 설치한다.

12. 효과적인 자원을 도출하라 홈쇼핑 TV는 주부들이 많이 시청하는 프로그램이므로 주부를 쇼호스트로 적극 활용한다.

13. 거꾸로 하라 2009년 겨울, 서울 한복판인 광화문에서 세계스노 보드대회가 열렸다. 보통 스노보드 대회는 깊은 산속의 스키장에서 열리지만 도시 한복판에 대회를 개최함으로써 세계인의 관심을 끌 었다.

14. 곧은 개념을 구부려라 기능성 신발인 마사이 슈즈는 신발 바 닥을 곡선으로 만듦으로써 직립보행을 할 수 있도록 했다.

15. 부분적으로 자율권을 부여하라 리츠 칼튼 호텔에서는 고객 접 점 부서에 있는 일선 직원에게 1,000달러를 마음대로 쓸 수 있도록 조치했다. 비상 시 직원 스스로 판단해서 고객 요구에 대응할 수 있 도록 자율권을 부여하고 있다.

16. 극단적으로 생각하라 아주 비싸게 하든지, 아주 싸게 하던지 극단적인 방법을 써보라는 의미다. 인도의 타타자동차 회사는 모터 사이클 가격과 별 차이가 나지 않는 2,500달러짜리 초저가 자동차 를 개발, 생산하고 있다.

17. 다른 각도에서 보라 제주도는 바닷가 길과 시골길을 걷는 트 레킹 코스를 개발했다. 많은 사람들이 지금까지 있어 왔지만 그 존 재를 전혀 몰랐던 '올레길'을 걸으며 대화를 나눈다.

18. 고정 변수를 변화시켜라 대부분 학교 수업은 학생이 학교로 가 고, 교사는 학교에서 학생이 오기를 기다린다. 하지만 학습지 회사 들은 이런 고정관념을 변화시켜 교사가 학생이 있는 곳으로 방문해 공부를 지도하는 교육법을 만들었다.

19. 연속적이 아니라 주기적으로 하라 차량 대수가 점점 늘어나고 있지만 도로망은 이를 따라가지 못하고 있다. 특히 출퇴근 시간에 특정 방향으로 몰리는 차량 병목현상을 해소하기 위해 러시아워 때만 가변 차선제를 실시한다.

20. 유용한 작용을 지속시켜라 은행의 창구 업무를 일과 시간에 한정시키는 게 아니라 인터넷 뱅킹이나 온라인 창구를 개설해 고객에게 24시간 여신 업무를 서비스한다.

21. 유해하다면 빨리 진행하라 고속도로의 톨게이트는 요금 징수를 위해 필요하지만 요금 정산으로 차량이 밀리는 불편함이 있다. 이를 해결하기 위해 하이패스를 도입해 톨게이트를 신속하게 통과할 수 있도록 해서 차량 정체 현상을 줄인다.

22. 유해한 것을 유익한 것으로 바꿔라 '해충이 농작물에 피해를 준다.'라는 것은 고정관념이다. 생각을 전환해 해충의 천적인 곤충을 키워 해충을 물리치는 '천적 비즈니스'를 만든다.

23. 피드백을 이용하라 모든 일은 피드백이 빠르고 비용이 덜 드는 게 가장 이상적이다. 마케팅 부서에서 소비자 의견을 조사해 마케팅 전략에 반영하려면 가장 빠르고 비용이 들지 않는 방법이 인터넷 댓글 마케팅이다.

24. 중간 매개체를 이용하라 남자 화장실의 문제는 소변기를 자주 청소해야 하는 것이다. 변기에 파리 모양의 그림을 그려 놓으면 소변 줄기가 변기 밖으로 나가는 것을 막을 수 있다. '파리'라는 중간

매체를 이용해 화장실 오염을 줄인다.

25. 사용자가 하게 하라 화가들은 휴대용 스케치북으로 아무것도 없는 백지의 아이디어를 그리거나 글을 썼다. 이를 몰스킨이라는 회사에서 벤치마킹해 고급 백지 노트북을 만들었다. 이 책의 컨셉트를 '아직 쓰여지지 않은 책'이라 부르며 사용자가 책을 만들어 가도록 유도했다.

26. 벤치마킹하라 스타벅스의 하워드 슐츠 회장은 이탈리아를 여행하다가 이탈리아 식 카페를 보고 스타벅스 카페의 원형을 생각했다. 이를 벤치마킹해 새로운 아이디어를 추가하면 새로운 비즈니스 모델이 될 수 있다.

27. 값싼 방법을 고안하라 무주택자가 아파트를 구매하는 것은 비용 부담이 크다. 장기 임대 아파트는 임대료만으로 장기간 살 수 있으므로 구매한 것과 유사한 효과를 얻을 수 있다.

28. 비유를 들어 예시하라 소비자의 구매 욕구를 자극하는 방법으로, 팔고 있는 식품의 냄새를 맡게 하는 것이다. 빵집에서 빵 굽는 냄새가 나게 하거나 커피숍에서 커피 향이 솔솔 바깥으로 피어나오게 하는 것도 이에 속한다.

29. 유동성을 부여하라 한강 한가운데 있는 밤섬을 관광하려면 강을 건너 밤섬에 도달해야 하므로 관광버스가 지상과 물 위를 같이 다닐 수 있어야 한다. 이 문제를 해결하기 위해 수륙양용 관광버스가 등장했다.

30. 보조 수단을 강구하라 편의점에서도 김밥을 팔고 싶지만 요리의 특성상 김이 금방 눅눅해져 판매하기엔 무리가 있었다. 이를 해결하기 위해 삼각김밥이 나왔다. 삼각김밥은 습기가 있는 밥과 건조한 김 사이에 셀로판 종이를 끼워넣어 습기를 차단한다.

31. 단순화, 가볍게 하라 등산하는 사람들은 기온 변화에 대비해 다운 재킷을 휴대하고 산에 다녀야 하는데 다운 재킷 부피가 커서 휴대하기에 부담스럽다. 초경량 다운 재킷을 개발해 부피를 주먹만한 크기로 줄이고, 배낭에 비상용으로 휴대할 수 있도록 했다.

32. 기술로 다시 보라 자동차로 낯선 곳에 가야 할 때는 지도가 필요하다. 그러나 운전하면서 지도를 보는 일은 불가능하다. 디지털 기술로 지도를 전자화해 내비게이션을 만들었다. 내비게이션은 눈으로 볼 수 있을 뿐 아니라 음성으로 길 안내를 해주므로 운전하면서 길을 쉽게 찾아 목적지까지 도달할 수 있다.

33. 본질을 고수하라 명품은 기능적으로 다른 제품과 큰 차이가 없다. 단지 명품은 가격을 높이고 소량 생산함으로써 소유 가치를 높이는 방식을 택했다.

34. 버리거나 다시 써라 휴대전화의 불편함은 늘 배터리를 충전해야 한다는 것이다. 사용 도중에 배터리가 부족해 통화가 끊기거나 전화를 받지 못하는 경우가 생기기도 한다. 이런 불편함을 해소하기 위해 태양광 충전 휴대전화가 등장했다.

35. 속성을 변화시켜라 꽃은 생활을 아름답게 할 수 있는 매개체지

만 쉽게 시들어버리는 단점이 있다. 실내장식용으로 오래도록 시들지 않는 꽃이 필요한 곳에서는 플라스틱이나 섬유로 만든 인공 조화(造花)가 쓰이고 있다.

36. 전체의 본질을 바꿔라 자동차는 현대인의 필수품이지만 언제 고갈될지 모르는 휘발유를 연료로 사용한다. 대체 에너지 개발의 필요성 때문에 휘발유 엔진을 전기로 바꾼 연료전지 자동차가 등장했다.

37. 요인을 팽창, 수축시켜라 디지털 세대는 개인 홈피나 블로그를 만들어 남에게 자신을 알리고 싶은 욕구가 강하다. 싸이월드는 개인의 미니홈피를 만들고, 이를 네트워크화해서 개인이 회사를 알리는 마케터가 되도록 만들었다.

38. 자극하라 구글은 창의성을 존중하는 회사다. 마치 대학 캠퍼스와 같아서 마음만 먹으면 누구든지 사무 공간을 자유롭게 꾸밀 수 있고, 근무 중에도 운동하거나 휴식을 취할 수 있다. 또 누구와도 편하게 대화할 수 있도록 직장의 분위기를 자유롭게 조성했기 때문에 근무 환경 분위기 자체가 직원들의 창의력을 자극하고 회사의 발전을 꾀하고 있다.

39. 안정시켜라 포스코는 창의적인 사내 분위기를 만들기 위해 회사 내에 창의 공간을 만들었다. 이곳에서는 누구의 지시도 받지 않기 때문에 예술적인 활동을 하거나 자유롭게 토론할 수 있다.

40. 융합시켜라 3D 애니메이션 〈뽀로로〉는 3~5세의 어린이를 공

략하기 위해 아날로그적인 감성 스토리를 첨단 기술인 3D 애니메 이션에 결합했다.

위에 설명한 40가지 창의성 원리에 대한 사례들은 4장에 자세히 수 록돼 있으니 이를 참고하길 바란다.

3 창의 본능을 일깨우는 기법

나를 스마트하게 만드는 '스마트 2.0'

창의력이라는 것은 '틀에서 벗어나 자유롭게 상상하는 것'이므로 창의력을 기르는 방법을 기법으로 만든다는 것 자체가 모순이다. 물론 예술가적 창의력을 방법론으로 만든다는 것도 불가능하다.

그러나 기업가적 창의력은 기술적 요소와 결합해 새로운 상품과 서비스를 만드는 일이기 때문에 기본적인 방법론을 수립하는 것 정도는 가능하다. 예술가적 창의력은 혼자서 하는 것이 대부분이지만 기업가적 창의력은 여러 사람들이 참여하고, 여러 단계를 거쳐 이뤄지기 때문에 이들이 공유할 수 있는 기본적인 방법론을 설정하면 실행에 옮기기 쉽다.

그동안 광고나 기획 관련 업무에서 쓰이는 몇 가지 창의력 기법이 있었으나 대부분 새로운 컨셉트의 도출 수준에 머물렀다. 새로운 아이디어의 도출과 기술적 구현에 도움을 주는 창의력 기법이 전무할 때 삼성이 트리즈(TRIZ)를 기술 개발과 새로운 아이디어 개발에 적용해 많은 성과를 내면서 컨셉트 도출 이상의 기법이 탄생하게 된 것이다. 트리즈가 기업에서 쓸 수 있는 유용한 창의력 기법인 것만은 분명하지만 전문가만 이용할 수 있다는 것이 한계였다. 세상의 모든 것은 이해하고 배우기 쉬워야 널리 알려진다. 나는 트리즈를 대기업 직원들에게 교육하면서 이를 일반인들에게 확대 적용할 수 있는 방법을 고민했다. 트리즈를 단순화할 수 있는 방법(깊은 내용까지 이해하는 것은 어렵다), 트리즈의 핵심 부분에 해당하는 몇 가지를 쉽게 이해할 수 있게 만드는 방법을 찾았다.

트리즈는 천재들의 새로운 아이디어를 만들어내는 데는 유용하지만 '다소 어렵다는 점과 실행 프로세스가 약하다.'라는 단점이 있었다. 나는 트리즈의 방법론을 그대로 살리면서 실행 프로세스를 보강해 쉽게 이용할 수 있는 '스마트 2.0'이라는 창의력 실행 방법론을 만들었다.

스마트(SMART) 2.0은 40가지 창의성 원리를 보면서 상상력을 펼쳐 나갈 수 있는 연관 맵(Map)과 새로운 아디이어를 실행에 옮기는 스마트(SMART) 프로세스로 구성돼 있다. 연관 맵을 통해 생각이 열리고, 창의적인 아이디어를 보고 힌트를 얻어서 아이디어의 재결합이나 스파크(Spark)를 유도할 수 있다. 제아무리 새로운 아이디어를 생각해냈다고 해도 이를 실행하지 않으면 아무런 의미가 없다. 그래서 새로운 아이디어가 실행될 수 있는 프로세스를 '스마트(SMART)'라는 실행 프로세스와 연결한 것이다.

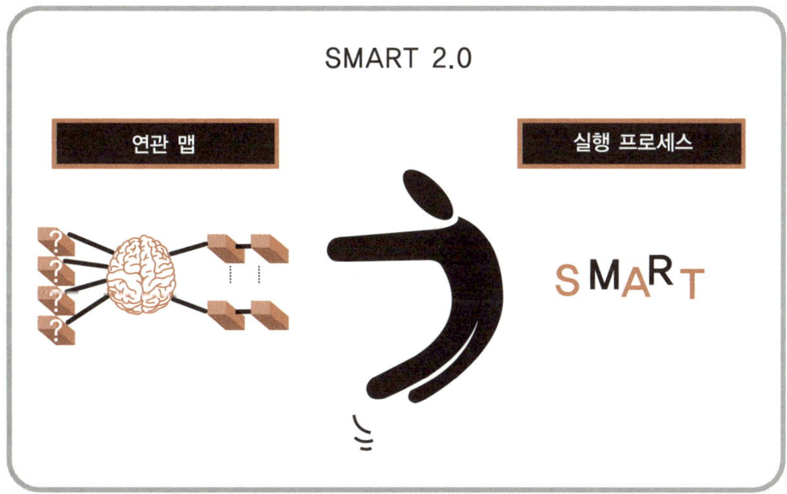

좌우 두뇌를 연결하는 연관 맵(Map)

스티브 잡스의 창의력은 좌뇌의 기술과 우뇌의 감성을 연결하는 연관 사고(Associational Think)에서 시작된 것이다. 기업가적 창의력은 다른 사람과 차별화되는 독특함과 유용성을 함께 가지고 있어야 한다. 남들이 미처 생각하지 못한 독특한 아이디어는 획일화된 논리적 사고에서는 잘 나오지 않는다. 논리의 제약에서 벗어나 다양한 사례와 지식을 바탕으로 폭넓은 사고를 할 때 아이디어의 재결합으로 스파크 현상이 생기게 되는 것이다.

창의력은 분석력과 상상력을 동시에 필요로 한다. 사람의 두뇌는 논리적 사고를 하는 좌뇌와 감성적 사고를 하는 우뇌로 이뤄져 있다. 좌뇌는 분석력으로 정보나 사물을 논리적으로 분석하고 추론하며 판단하는 능력을 가지고 있다. 반면 우뇌는 상상력으로 감성과 다양한 사고를 가능하게 한다. 창의적으로 사고하려면 서로 상반된 특성을 가진 분석력과 상상력이 조화를 이뤄야 하기 때문에 좌뇌와 우뇌의 조화가 필요한 것이다.

만약 분석력만 강하고 상상력이 부족하면 사고가 항상 제한된 범위에서 맴돌게 된다. 반대로 분석력이 약하고 상상력만 풍부하면 비현실적인 몽상가가 되기 쉽다. 연관 맵(Associational Map)은 좌뇌를 이용해 혁신 과제를 논리적으로 명확하게 파악하고 우뇌를 이용해 상상의 나래를 마음껏 펼칠 수 있도록 한다. 연관 맵의 오른쪽 부분은 창의력 기법인 트리즈(TRIZ)에서 도출한 40가지 창의성 원리를 활용하고 있다. 창의 천재들의 성공한 아이디어를 벤치마킹할 수 있도록 원리별로 정리했다. 이를 통해 창의 천재들의 혁신적인 아이디어 원리를 이해할 수 있으며, 그 원리를 응용해 성공한 히트 상품의 개발 사례를 볼 수 있을 것이다. 창의적인 아이디어 사례와 자신의 과제가 가진 연관성을 찾아서 힌트를 얻을 수 있으며, 아이디어 사례 간의 재결합도 꾀할 수 있다. 여러 사람들이 모여 다양한 아이디어 사례를 토론하다 보면 아이디어 충돌에 의해 전에 생각할 수 없었던 창의적인 아이디어도 나올 수 있다.

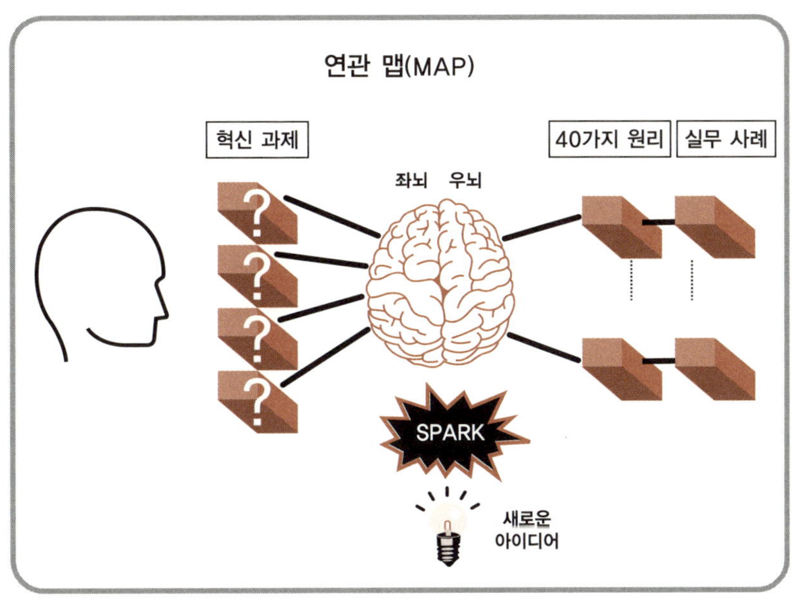

새로운 아이디어를 실행하는 'SMART'

예술가들은 창의적인 아이디어가 생각나면 곧바로 본인이 실행에 옮길 수 있다. 그러나 기업가적 창의력은 새로운 아이디어가 떠오른다 해도 이것을 실행에 옮겨 신제품으로 개발하기가 쉽지 않다. 반드시 여러 사람과 함께 작업해서 개발 단계를 거쳐야 완성품을 만들 수 있기 때문이다. 기업가적 창의력은 새로운 아이디어를 내는 일과 함께 그것을 실행에 옮기는 프로세스가 만들어져야 효율적으로 움직일 수 있다.

일반인이 이해하기에 굉장히 어려운 개념인 6시그마가 여러 기업에서 널리 실행될 수 있었던 것은 'DMAIC'라는 프로세스가 각 단계마다 해야 할 일을 정의하고, 각각의 단계를 거쳐서 끝까지 실행하도록 만들어져 있기 때문이다.

'SMART 2.0'도 6시그마처럼 연관 맵(Map)에 의해 새로운 아이디어를 만들어내고, 그것을 실행에 옮길 수 있도록 '스마트(S-M-A-R-T)' 프로세스가 정립돼 있다. 스마트(S-M-A-R-T) 프로세스는 일정한 방향감각을 가지고, 새로운 아이디어를 내서, 그것이 될 때까지 실행하는 과정이다.

먼저 첫 단계는 새로운 트렌드에 맞는 새로운 혁신 과제를 정의하는 일이다. 새로운 혁신 과제는 논리적인 사고보다 모든 걸 포용할 수 있는 감성적인 사고로 다양한 상황을 염두에 두고 실행한다. 연관 맵을 이용해 다양한 사고를 하면서 창의적인 아이디어를 만들어내는 것이다. 새로운 아이디어를 기술적으로 구현하려면 논리적인 사고를 통해 실행 아이디어를 구해야 한다.

새로운 아이디어와 기술적 구현 방법이 모색됐다면 곧바로 실행에 옮긴다. 모든 것은 한 번에 만들어지지 않는다. 성공할 때까지 연습과 시험을 반복하는 끈기를 가져야 한다. 스마트(S-M-A-R-T) 프로세스의 각 단계에서 어떤 일을 해야 하는지를 에디슨이 백열등을 발명할 때의 사례에 대입해 보면 다음과 같다(에디슨의 에피소드는 4장에서 자세하게 소개됨).

S Sense of direction 방향감각을 가져라

M Melt In customer needs 고객 니즈를 발견하라

A Associational think 연관 사고를 하라

R Revolutionary process 혁신적인 방법을 찾아라

T Try 될 때까지 실행하라

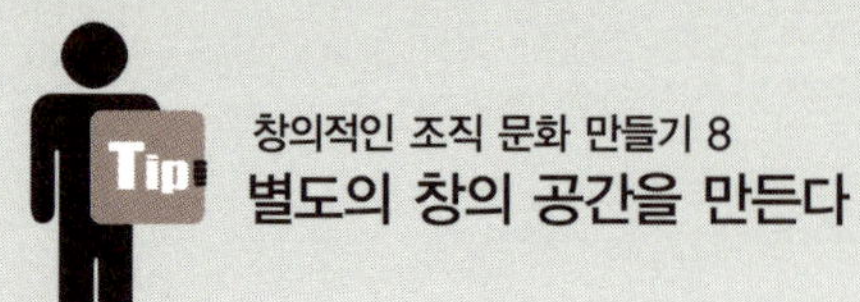

포항제철은 우리나라 대표적인 중공업 회사지만 사명도 그렇고 중공업을 한다는 것 때문에 무겁고 강한 기업 이미지를 가지고 있었다. 그러던 포항제철이 민영화되면서 변화를 시도해 이름도 포스코(POSCO)로 바꾸고 새로운 사업 개발에도 적극적으로 참여해 기존의 강한 이미지를 부드럽게 만들고 있다.

2009년에는 새로 취임한 정준양 회장은 '창의 경영'을 포스코의 기본 경영 방침으로 하고 창의적인 인재 육성에 힘을 쏟고 있다. 그 일환으로 창의적인 환경을 만들기 위해 서울 본사 사옥에 창의 문화 공간인 '포레카(POREKA)'를 만들었다.

포스에이씨가 디자인하고 시공한 이 놀이방은 총 1,190㎡(360평)의 국내 최대 규모로 휴식(Refresh) · 펀(Fun) · 스터디(Study) 공간으로 구분해 이용자들에게 휴식과 함께 다양한 놀이와 학습 프로그램을 제공한다.

포레카에는 미술, 음악, 문학 등 인문예술 체험 활동을 할 수 있는 '예감창', 여럿이 함께 경험을 공유하고 새로운 창의적 아이디어를 창의하는 공간인 '브레인 샤워'가 마련돼 있다. 방음 시설이 완비된 '브레인 샤워 룸'에서는 악기 연주, 댄스, 영상 시청도 가능하다. 실제로 수목들을 심어 '자연정원'을 조성하고 다양한 분야의 장서 1천 여 권을 비치해 편하게 독서할 수 있는 북카페와 함께 쿠션 의자에 앉거나 바닥에 누워 사색과 담소를 할 수 있는 휴식 공간인 '사랑방' '다락방' 등도 마련했다.

또 다양한 게임과 미디어를 이용해 창의적 두뇌 놀이를 하는 '재미마당'에는 테이블 형태의 대형 터치스크린이 설치돼 스포츠·전략·단어조합 등의 게임은 물론이고 클래식 음악·미술작품 감상, 생활 지식 정보도 제공한다. 포스코는 창의력 계발 프로그램의 초기 활성화를 위해 1년간 정기 프로그램으로 운영하고 직원들이 공식적으로 방해받지 않고 놀이방을 활용할 수 있도록 일정시간을 '창의 시간'(Creative Time)으로 부여한다.

정준양 회장은 포레카에 '창의는 통찰에서 나오고 통찰은 관찰에서 비롯됩니다.'라는 구절을 직접 쓴 서예 동판을 부착할 정도로 직원들의 창의성을 기르는 데 힘을 쏟고 있다. 창의 공간뿐 아니라 직원들이 자유롭게 이용할 수 있도록 이용 프로그램도 만들었다. 포스코는 창의 놀이방을 자유롭게 이용할 수 있는 여건과 분위기를 조성하기 위해 개인과 부서 단위로 근무시간 중 창의놀이방을 활용하는 시간을 별도로 운영하고 있다.

창의 시간은 개인별로 근무시간 중 4시간 이상 사용을 권장한다. 이 중 2시간은 부서 단위로 창의 놀이방에서 진행되는 조직창의력 계발 프로그램에 참여하는 시간으로 활용되며, 나머지 2시간은 개인 차원에서 자율적으로 활용하면 된다. 창의 놀이방에서는 심신의 휴식과 지적 자극을 주는 다양한 콘텐츠를 제공해 개인별로 자율 이용하는 직원들의 두뇌 활동을 활성화할 수 있도록 내부 시설과 소프트웨어를 구성했다.

먼저 휴식을 위해 별도로 독립된 공간에서 사색할 수 있는 공간(다락방)이 제공되며, 새소리나 바람 소리를 들으며 산책과 사색을 경험하게 만드는 초록정원을 만들었다. 또 지적 자극을 느낄 수 있도록 예술·과학 등 창의력을 자극할 수 있는 도서가 구비된 북카페와 다큐멘터리 필름 등 영상물을 시청하는 사랑방, 보드게임 등 창의적 두뇌 게임을 할 수 있는 재미마당 등이 있다.

특히 북카페는 기존의 지식 플라자를 통합해 베스트셀러뿐 아니라 시각적 콘텐츠가 풍부한 서적을 다수 비치해 단시간 내 창의적 전환이 가능할 수 있도록 만들어준다. 부서가 조직 단위 창의 시간을 이용하는 경우엔 집단 창의력 향상에 도움이 될 수 있도록 창의력 계발 전문기관에서 운영하는 프로그램이 운영된다. 프로그램은 창의 놀이방 내 브레인 샤워 룸과 예감창 룸에서 진행되며 브레인 샤워 룸에서는 개인 명함 제작, 덧글북 쓰기, UCC 제작과 블로깅, 페차쿠차 등 다양한 방법의 스토리텔링(Storytelling)을 경험하면서 창의적 사고력을 키우게 된다. 예감창에서는 미술 드로잉, 악기 연주, 영화 제작, 시 창작, 사진 촬영 등 인문 예술 활동을 직접 체험하고 창작 패턴을 익힌다. 인문 예술 참여 활동은 부서 단위 활동과 별도로 일과 후에 희망 직원을 대상으로 주 1회 특별 프로그램을 진행한다. 동호회 활동은 인문 예술, 독서 토론, 음악, 문학 창작, 영화 등이 있다. 창의 놀이방에서는 동호회 활동을 위한 공간을 제공하고 전문 강사 초빙과 전시회를 지원한다.

4 세상을 바꾼 아이디어, SMART

방향 감각을 가져라(Sense of Direction)

에디슨은 '무엇을 어떻게 발명할 것인가?'를 생각하기 전에 먼저 많은 정보를 수집하면서 자신의 발명품을 이용하게 될 고객의 니즈를 읽었다. 아무리 혁명적인 발명품이라 할지라도 고객이 외면하고 쓰지 않으면 그 발명품은 사라질 수밖에 없다. 그래서 늘 신상품을 개발하기 전엔 이 상품이 과연 고객의 니즈에 부합되는 건지 조사할 필요가 있다. 에디슨은 책에서 다양한 정보를 얻었는데 소년 시절에도 도서관에 있는 책을 전부 읽을 정도였고, 연구소를 만들 때도 개인 도서관에 수만 권의 책을 비치해 두고 있었다.

또 매일 아침 누구보다 먼저 신문을 보았는데 특히 기술 잡지를 빼놓지 않고 읽었고, 신문을 벗어나 다양한 사람들과 이야기하며 세상의 변화를 감지하는 것도 잊지 않았다. 그는 책과 잡지, 신문, 관찰, 대화를 통해 얻은 다양하고 잡다한 정보를 고객의 '지식 저수지'에 모았다. 지식 저수지에 모인 방대한 정보와 지식들을 통해 에디슨은 고객이 원하고 있는 게 무엇인지 예측할 수 있었고, 먼 미래까지 예측할 수 있는 능력을 가지게 됐다.

에디슨은 전등을 발명할 때도 가장 먼저 정보 조사를 해서, 고객의 니즈를 먼저 읽으려 노력했다. 전등의 원조는 전기 촛불이라 불리는 '아크등'이었다. 아크등은 에디슨이 태어나기 26년 전인 1821년에 영국인 험프리 데이비가 발명한 것이다. 전극 사이에 전류가 흐를 때 생기는 아크의 발광을 이용한 등이다. 그러나 아크등은 탄소 막대가 얼마 안 가서 타버리기 때문에 끊임없이 바꿔줘야 하는 불편함이 있었다. 그리고 무엇보다 불빛이 약해 가정에서 쓰기엔 적합하지 않았다. 에디슨은 이 모든 정보를 취합하고, 고객의 니즈에 정확하게 부합하는 전등을 개발하기 시작했다.

마침내 에디슨은 수많은 시행착오 끝에 고객의 니즈에 맞는 전등을 개발할 수 있었다. 끊임없이 교체해줘야 하는 아크등의 탄소 막대는 사용하지 않고, 최초로 실용적인 '탄소 필라멘트를 개발' 해서 아크등보다 월등하게 밝은 백열전구를 만들어낸 것이다.

그리고 에디슨은 전등 회사를 설립해 전등 보급에도 힘을 써 누구나 전등을 이용할 수 있도록 만들었다. 오늘날 전기 기술의 빛나는 진보가 일어날 수 있었던 가장 큰 요인은 에디슨이 고객의 눈으로 아크등의 단점을 발견해 새로운 전등을 발명해 냈기 때문이다.

고객 니즈를 발견하라(Melt in Customer Needs)

에디슨은 발명 사업을 처음 시작할 때 "세상에 필요로 하는 것을 항상 탐구하라. 시장에서 팔리지 않는 제품을 개발하지 마라."라는 슬로건을 내걸었다. 에디슨에게는 많은 능력이 있었지만 그 중에서 가장 큰 능력은 사람들에게 유용한 제품을 만드는 능력이었고, 이외에 그가 가진 또 하나의 능력은 상품을 사업으로 연결하는 능력이었다. 에디슨은 모든 발명품을 개발하기 전에 항상 개발 후의 경제적 성과를 면밀히 분석했다. 그가 특히 관심을 가졌던 문제는 '잘 팔릴 것인가'와 '소비자들이 지불할 수 있는 수준의 가격으로 공급할 수 있는가'였다. 그게 바로 에디슨의 혁신 과제였던 것이다. 필요 없는 제품은 개발하지 않았고, 소비자들이 구입할 수 있는 혁신적인 상품만 만들었다.

에디슨은 백열등을 발명하기 위해 노력할 땐 가스등과 경쟁해야 했다. 그는 혁신 목표를 '가스등보다 편리하고 경제적이며, 경쟁력 있는 제품 개발'로 정하고 연구에 매달렸다. 그리고 전력 수요의 크기에 따라 전류 회선을 직렬로 할지 병렬로 할지를 생각했고, 전구 가격을 어떻게 책정해야 가스등을 이길 수 있을지, 전기요금은 어느 정도이어야 하는지 등을 다각도로 궁리했다.

어떤 기업이든지 아무리 잘나가고 있는 기업이라 할지라도 늘 혁신 과제가 있어야 한다. 그래야 조직이 느슨해지지 않고, 늘 어제보다 아름다운 오늘을 만들 수 있기 때문이다. 에디슨은 자신이 만든 혁신 과제에 따라 시장에서 수요가 있는 제품을 개발했고 '소비자가 받아들일 수 있는 방식'과 '경쟁사들을 이길 수 있는 방법' 등을 연구하면서 발명한 결과 늘 다른 사람의 것보다 진일보된 발명품을 만들 수 있었다.

연관 사고를 하라(Associational Think)

보통 과학이나 수학 문제를 풀 때 우리는 쉽게 지치고 지루해진다. 수많은 발명품을 만들어낸 에디슨도 마찬가지였다. 과학이나 수학에 매달리다 보면 창의적인 생각이 나지 않기 때문에 에디슨은 연구소에서 음악을 들으며 작업했고, 가끔 젊은 엔지니어들과 모여 오르간을 연주하며 음악을 즐겼다. 그렇게 의식적으로 에디슨은 좌뇌 기능에 의존하는 연구 활동보다 우뇌 활동을 촉진시키는 감성적인 행동을 자주 했다.

백열등을 발명할 당시 에디슨은 진공관에 쓰일 필라멘트를 만들기 위해 빛은 내지만 열은 나지 않는 소재를 찾아야 했다. 처음엔 상식적인 생각으로 광물로 실험했지만 광물은 열이 많이 나서 장시간 켤 수 없는 단점이 있었다. 여기에 들인 시간과 에너지는 다른 발명품과 개발할 때와는 비교도 할 수 없을 정도로 엄청났다. 그는 1,500종류가 넘는 재료로 같은 실험을 줄기차게 반복했다. 어느 순간, 에디슨은 꼭 광물을 소재로 써야 한다는 고정 관념을 버리고, 실현 가능한 모든 것들과 연관 사고를 했다. 그러다 마침내 천연 소재로 눈을 돌릴 수 있었다. 마침 크리스마스 선물로 받은 일본산 참대 부채를 실험 재료로 써볼 생각까지 하게 됐다. 실험은 성공적이었다. 참대를 구워 만든 탄소 필라멘트는 빛을 내는 수명이 무려 200시간이나 됐다. 비로소 참대를 집중적으로 조사한 에디슨은 전 세계에 약 1,200종류의 참대가 있다는 걸 알았다. 1,200가지의 참대를 모조리 수집해 실험해야 하는 상황이었다.

에디슨은 연구소 직원 20명을 조사대로 선발해 10만 달러의 비용을 들여 전 세계로 보냈다. 에디슨 역시 서인도제도 자메이카 섬으로 가서 각종 참대를 구해왔다. 몽고, 버마, 말레이시아 반도, 수마트라 섬, 인도, 실론 섬, 멕시코 등 참대가 자라는 고장이라면 빠짐 없이 에디슨의 연구조사단이 찾아갔다. 불행히도 조사 도중 사망한 연구원이 생길 정도로 연구는 고난의 연속이었다. 이렇게 세계 각지에서 수집된 참대의 종류만 6,000여 종이었으며, 여기서 에디슨은 수많은 실험 끝에 일본산 참대가 가장 우수하다는 것을 알아냈다. 리칼튼이라는 연구원을 다시 일본으로 보내 도쿄박물관에서 일하는 식물학자의 도움을 받아 일본산 대나무 중에서도 교토에서 난 것이 가장 우수하다는 정보를 얻게 됐다.

소식은 들은 에디슨은 교토산 대나무로 실험을 계속했다. 결국 교토산 대나무 소재로 만든 필라멘트가 장착된 백열등이 전 세계를 환하게 밝힐 수 있었다.

모든 사물의 관련성을 논리적으로 풀려는 과학자와 합리성만을 강조하는 비즈니스맨은 창의적인 결과를 만들어내기 힘들다. 논리적인 것만 앞세우면 같은 일만 반복하게 된다. 비슷한 일을 반복하면서 창의적인 아이디어를 도출하는 건 거의 불가능에 가깝다고 봐야 할 것이다. 때론 감성적인 사고를 결합한 연관 사고로 좀 더 유연하게 사물을 바라볼 필요가 있다.

혁신적인 방법을 찾아라(Revolutionary Process)

에디슨은 안전하고 효율적인 전등을 만들기 위해서는 '필라멘트가 불에 타서 재가 되면 안 된다.'라고 생각했다. 몇 시간씩 불에 타도 재로 변하지 않는 새로운 물질을 찾아내기 위해 모든 상상력을 총동원했으며, 30여 명의 연구원이 1,500가지의 참대를 테스트하는 데만 꼬박 1년이 걸렸다. 처음에 에디슨은 가느다란 탄소 막대를 사용하지 않고, 가열 물질을 먼저 필라멘트 모양으로 만든 다음, 그것을 탄화하려는 시도를 했다. 처음에 시험한 것은 탄화한 종이였는데, 당시 제작되고 있던 진공 펌프로 얻은 진공구 속에서는 아직 충분히 산소를 제거할 수 없었기 때문에 기술적인 한계에 부딪쳐 실패하고 말았다.

그렇게 실패를 거듭하던 에디슨은 우연한 기회에 값비싼 백금으로 필라멘트를 만들자 4촉광 정도의 밝은 빛이 나오는 것을 발견했다. 기술적으로 좀 더 나아가 전구 안의 공기를 완전하게 빼내 진공 상태를 만드니 빛이 25촉광으로 밝아졌다. 이 필라멘트 실험의 성공으로 에디슨은 1879년 4월에 미국 특허를 획득할 수 있었다. 그러나 값이 비싼 백금으로는 실용적인 전구를 만들 수 없었기 때문에 그는 다시 재료가 저렴한 물질을 찾는 작업을 계속했다.

실용적인 전구를 만들기 위해 밤을 꼬박 새우고 새벽을 맞은 어느 날이었다. 멍한 표정으로 허공을 바라보던 에디슨의 눈에 책상 구석에 놓아둔 주석과 타트를 혼합한 무언가가 보였다. 자세히 살펴보니 전화의 송화기에 넣을 탄소 알갱이를 만들 때 사용했던 물질이었다. 에디슨은 거기에서 힌트를 얻어 무명실에 주석과 타트를 섞어 알맞은 길이로 자른 뒤 머리핀처럼 말굽형으로 구워 탄소 필라멘트를 만들었다. 그리고 전구 안의 공기를 빼 기압을 100만 분의 1로 낮추고 전류를 흘리니 전구에 불이 들어왔다. 이 전구의 수명은 45시간으로 당시로선 획기적인 것이었다.

결국 에디슨이 45시간의 수명을 가진 전구를 발명하기 위해 필요했던 것은 기술적인 구현이었다. 처음에 타지 않는 필라멘트를 발명하지 못한 이유는 당시에 제작되고 있던 진공 펌프로 얻은 진공구 속에서 충분히 산소를 제거하지 못했기 때문이었다. 하지만 실패를 딛고 45시간의 수명을 가진 전구를 발명할 수 있었던 까닭은 전구 안의 공기를 빼 기압을 100만 분의 1로 낮출 수 있는 기술적인 발견이 있었기에 가능했다.

모든 창의적인 아이디어들은 그 시대의 기술이 따라갈 수 있어야만 실현이 가능하다. 창의적인 아이디어를 구상하기 이전에 지금 내가 생각하고 있는 것이 현재의 기술력으로 실현 가능한 것인지부터 체크하는 것이 필요하다.

될 때까지 실행하라(Try)

에디슨은 '소비자들이 더 편리하고 쾌적하게 일상생활을 하도록 해야겠다.'라는 다짐으로 발명품을 만들었다. 백열등을 발명할 때도 전구만 만든 게 아니라 전구가 가정에서 켜질 수 있도록 발전 장치를 고안하고 전력 회사를 만들었다. 공장이나 가정에 전력이 공급될 수 있도록 전선을 가설하는 시스템도 함께 발명했다. 그렇게 해야 소비자들이 더욱 쾌적하게 일상생활을 할 수 있다고 생각했기 때문이다. 그 후에도 전구에 불이 들어오는 것에 그치지 않고 스위치, 소켓, 퓨즈, 전선, 배전판, 발전기 등 수요자의 필요에 맞는 제품을 끊임없이 발명했다. 스위치도 그냥 만든 게 아니라 누구나 쉽게 끄고 켤 수 있도록 단순하게 설계했다. 설명이 필요 없을 정도로 '눈으로 보고, 한순간에 사용법을 알게 한다.'라는 것이 그의 생각이었다. 그래서 에디슨이 출시한 상품엔 두꺼운 사용설명서나 취급 요령서가 따라붙지 않는다. 그는 하나의 발명품을 만들더라도 사용자 입장에서 다시 한 번 생각했다.

개발자 스스로 우수한 제품이라고 생각해도 고객 입장에서는 별로 매력을 느끼지 못하는 경우도 있다. 수많은 신제품이 시장에 나오지만 모두 성공하지 못하는 까닭이 여기에 있다. 기술자나 공급자들은 종종 자신이 만들어낸 제품에 대한 애착 때문에 제품의 결정적인 결함을 보지 못하는 우를 범하고 만다. 아이디어가 떠오르면 가장 먼저 고객의 입장이 돼야 한다.

· 이 아이디어가 처음에 설정한 목적에 부합하는가?

· 이것은 고객 욕구에 부합하는가?

· 이것은 기존의 것들보다 새로운가?

· 이것은 경쟁사의 것과 차별되는가?

· 이것은 고객들에게 가치가 있는가?

· 이것은 고객들이 이용하기에 편리한가?

· 이 방법 말고 또 다른 방법은 없는가?

어떤 제품이나 서비스도 시장에서 고객에게 선택받아야 하고, 경쟁사와 싸워 이겨야 하기 때문에 고객의 관점에서 다시 한 번 질문하는 것이 필요하다. 에디슨이 '소비자들이 더 편리하고 쾌적하게 일상생활을 하도록 해야겠다.'라는 목표도 그냥 이룬 것이 아니다. 그런 제품을 만들기 위해서는 보통의 제품을 만드는 것보다 더 많은 노력이 필요하다. 그래서 에디슨은 "한 가지 생각이 열매를 맺으려면 5~7년 정도 걸린다. 때로는 25년이란 시간이 필요할 때도 있다. 어떤 경우에도 결코 포기해서는 안 된다. 실험하라, 실험하라 그리고 또 실험하라."라는 말을 남겼다.

에디슨은 발명가로 유명하지만 발명가이기 이전에 열광적인 고객을 '발명한' 창의적 기업가였다(그는 다국적 기업 GE 창립자다). 그의 창의적인 마인드는 24시간 동안 8가지의 상품을 기획하고, 한 가지 문제에도 48가지의 해답을 제시하기도 했다. 또 84년 동안 1,083개의 특허를 내고 시멘트, 축음기, 전력 인프라, 전시 방어 시스템까지 고안할 수 있도록 만들었다.

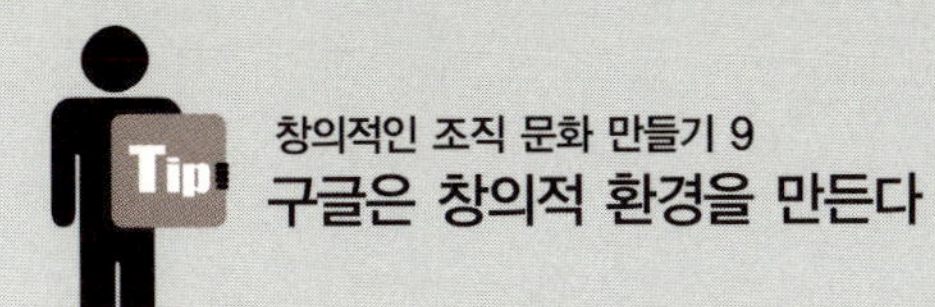

미국 캘리포니아 주 샌프란시스코 남단에 있는 마운틴 뷰에는 세계 최대의 검색 엔진 회사인 구글 본사가 자리하고 있다. 처음 겉모습만 보면 '회사라기보다는 연구소나 대학 캠퍼스 같다.'라는 느낌이 든다. 그러나 안으로 들어가면 곳곳에서 자유로워 보이는 사람들이 오고간다. 이들은 세계적인 기업인 구글에서 최고의 대접을 받는 컴퓨터 엔지니어들이다. 운동장도 하나만 있는 게 아니라 여러 곳에 있어서 축구, 배구, 탁구, 테니스, 롤러, 하키 등 스포츠를 즐기기에 전혀 부담이 없다. 구글 직원들은 식사 시간도 특별하다. 사내 곳곳에 있는 11개의 식당에서 취향에 맞게 골라 먹으면 되고 사내 곳곳에 있는 스낵 룸에서는 언제든지 과일과 간식을 즐길 수 있다.

스탠퍼드 대학의 조직행동학과 교수인 제프리 페퍼는 "구글의 우수한 근무 환경과 기업 문화는 생산성 향상에 크게 기여한다."라고 말하며 이것이 '구글의 성공을 자극하는 중요한 요소'라고 강조했다.

구글은 회사 내에서 창의적인 환경을 만들기 위해 노력한다. 관리자 1명에 부서원 7명을 배치하는 다른 회사들과는 달리 관리자 1명에 일반 사원 20명을 배치하고 구성원에게 더 많은 권한을 위임하고 있다. 이것 역시 창의적인 환경 조성의 일환으로 관리자가 많은 조직은 상하관계에 밀려 생각이 굳어질 수밖에 없다. 그래서 구글은 관리자보다 구성원들에게 더 많은 권한을 주고 자연스럽게 창의적인 아이디어가 많이 나올 수 있는 환경을 제공해주는 것이다.

4장
창의적인
나를 발견하는
40가지 원리

Creativity Instinct

아무리 많은 책을 읽고 다양한 경험을 쌓은 사람이라도 그가 알고 있는 정보와 지식은 세상의 모든 지식 중 1%도 안될 것이다. 그 1%에 만족해서 더 이상 공부하지 않는다면 1%의 지식은 자신의 '발전을 위한 지식'이 아니라 '자신을 해치는 고정관념'으로 당신 안에 머물 것이다. 1% 고정관념에 싸여 있는 것은 당신이 보지 못한 99%의 다양성을 포기하는 것과 같다. 창의성은 1%의 고정관념을 깨고 99%의 다양성을 볼 때 더욱 활발하게 발산될 수 있다.

창의성을 이끌어낼 수 있는 40가지 원리는 고정관념에 둘러싸여 생각의 한계를 벗어날 수 없을 때 새로운 생각을 잘 떠올릴 수 있도록 해준다. 세상의 수많은 아이디어들을 자연이 보여주는 창의성 원리, 예술이 보여주는 창의성 원리, 건축이 보여주는 창의성 원리, 생활이 보여주는 창의성 원리 등 네 가지로 구분해 40가지 창의력 원리로 정리한 이 도구를 이용하면 99%에 달하는 다양한 아이디어를 볼 수 있다.

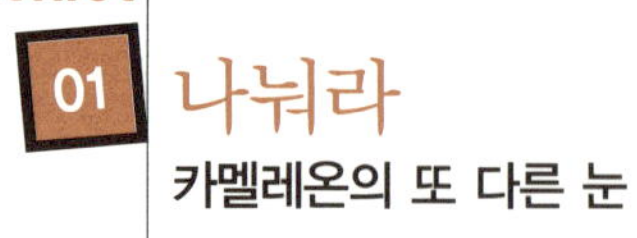

01 나눠라
카멜레온의 또 다른 눈

많은 동물 가운데 변신의 귀재로 불리는 카멜레온(Chameleon)이 있다. 카멜레온은 몸길이가 20~30cm 정도밖에 되지 않는 작은 동물이지만 뛰어난 변화 적응력을 가지고 있기 때문에 맹수들이 우글거리는 정글에서도 살아남을 수 있다. 보호색이나 위장색이 하나로 정해져 있는 다른 동물들과 달리 카멜레온은 주변 환경이나 상황에 따라 자신의 몸 색깔을 자유자재로 변화시킬 수 있는 능력을 가지고 있다. 주변에 나뭇가지가 많을 때는 노란색으로, 잎이나 풀이 많을 때는 초록색으로 변신해 천적으로부터 자신을 보호한다. 카멜레온은 고도의 위장술은 먹잇감을 잡을 때도 유용하게 사용되는데 눈에 띄지 않게 가만히 있다가, 먹이가 사정거리 안에 들어오면 머리와 몸통을 합친 길이보다 훨씬 더 긴 혀를 뻗어 순식간에 먹이를 낚아챈다.

　카멜레온은 환경 적응력만큼이나 위험 대피 능력도 우수하다. 양눈을 360°로 따로 움직이며 앞뒤를 동시에 볼 수 있는 능력을 가지고 있다. 먹이 사냥에 정신이 팔려 뒤에서 나타나는 포식자들을 보지 못한다면 한순간에 적에게 잡아먹힐 수도 있으므로 카멜레온은 눈의 기능을 두 가지로 나눴다. 한쪽 눈은 앞의 먹잇감을 보고 있고, 다른 한쪽 눈은 뒤에서 나타날 수 있는 위험 요인을 감시하며 자신을 보호하는 데 쓴다.

쪼개거나 분리(Segmentation)한다.

독립적인 하위 시스템으로 나눈다.

조립과 분해를 쉽게 만든다.

닌텐도(Nintendo)는 세계 최고의 게임기 회사였으나 소니와 마이크로소프트 때문에 3위로 밀려나게 되자 고민에 빠졌다. 새로운 컨셉트의 게임기를 개발하기 위해 주 고객층을 다시 분석해 보니 자신들이 그동안 만들었던 게임기는 게임 마니아를 위한 고성능 기기일 뿐이라는 사실을 알게 됐다. 그래서 닌텐도는 지금까지 게임을 하지 않는 성인이나 여성을 위한 게임기를 개발하기로 결정했다. 문제는 게임에 익숙하지 않은 이들이 게임기 조작이 서툴다는 데 있었다. 닌텐도는 이들이 쉽게 조작할 수 있는 방법으로 화면을 두 개로 나눠 한쪽 화면에 조작 방법을 제시해주는 방법을 생각해냈다. 한쪽 화면에서 조작 방법을 알려주고 다른 한쪽에서 게임이 진행되는 방식으로 기능을 나눴더니 초보자들도 쉽게 게임을 즐길 수 있었다.

02 뽑아내라
김덕수의 사물놀이

우리나라는 농경 민족으로 오랫동안 농사가 주업이었다. 농사는 집단으로 일해야 하므로 같이 즐기기 위한 개념으로 농악(農樂)이 생겨났다. 장구, 징, 북, 꽹과리, 피리, 소고 등의 민속악기가 총동원됐고 씨앗을 뿌릴 때나 곡식을 거둘 때, 풍년을 빌거나 축하할 일이 생겼을 때는 온 마을 사람들이 모여 농악을 즐겼다. 그러다 농악을 전문적으로 연주하는 패거리가 만들어졌는데 '남사당패'가 대표적이다.

김덕수는 다섯 살 때부터 아버지가 이끄는 남사당패를 따라 전국을 돌면서 공연을 했다. 일찍 재능이 발견된 그는 일곱 살 땐 전국농악대회에서 대통령상을 수상하면서 꼬마 신동으로 이름을 날렸다. 하지만 시대가 발전하면서 농사일이 기계로 대체되고, 놀이문화도 서구화되자 농악과 풍물에 대한 관심이 사라졌다. 김덕수는 이 난관을 어떻게 헤쳐나가야 할지 고민하다가 실내에서도 풍물을 연주할 수 있도록 고안하는 데 골몰했다. 그 결과, 장구, 북, 꽹과리, 징만 뽑아내 실내에서 연주할 수 있도록 한 것이다. 네 가지 악기만 연주한다고 해서 '사물(四物)놀이'라는 이름도 붙였다. 우리가 익히 알고 있는 '사물놀이'라는 개념도 김덕수의 머리에서 나온 것이다. 1978년 대학로 소극장인 공간사랑에서 사물놀이가 초연됐고 지금까지도 그 명맥을 유지하며 대중들의 호응을 얻고 있다.

──────── 뽑아내라

필요하지 않은 부분이나 특성을 뽑아낸다.

필요한 부분의 특성을 뽑아낸다.

──────── 동물 쇼 없는 '태양의 서커스'

서커스라는 말만 들어도 코끼리 등 온갖 동물들이 생각날 정도로 서커스와 동물은 불가분의 관계다. 이 공식을 깬 서커스단이 바로 캐나다의 '태양의 서커스'다. 원래 태양의 서커스단은 보잘것없는 길거리 극단이었다. 하지만 1982년, 캐나다 퀘벡의 한 시골마을의 길거리 극단이었던 'The Club des Talons Hauts(The High Heels Club)'는 기존의 서커스단과 차별화하기 위해 서커스단에서 줄타기를 하던 사람이라면 동물 쇼 없는 서커스도 할 수 있을 것이라 생각하고 동물 쇼를 제외한 서커스를 기획했다. 마침내 1984년, 전혀 새로운 컨셉트가 돋보이는 태양의 서커스가 탄생했다. 이들은 동물 쇼 대신 올림픽 체조 선수 출신인 단원을 모집해 예술을 접목한 아트 서커스를 창의했다. 지금도 태양의 서커스는 전 세계로 순회 공연을 돌며 매출 1조 원을 올리며, 세계적으로 8,000만 명이나 관람한 인기 공연으로 자리 잡았다.

03 국부적으로 최적화하라
포획사, 거미의 거미줄

지금은 모든 거미가 거미줄을 쳐서 먹이를 사냥하지만 생성 초기의 거미는 메뚜기처럼 뛰어다니며 먹잇감을 사냥했다. 먹이를 잡기 위해서가 아니라 단지 알을 낳기 위해 풀잎을 연결하기 위해 소규모의 거미줄을 쳤을 뿐이었다. 그러다 거미는 거미줄 위를 지나다니던 다른 곤충이 자신이 던진 줄에 걸려 드는 걸 인지하고는 점차 줄을 치는 기능을 발달시켰다. 뛰어다니며 먹잇감을 찾던 거미는 점차 개체 수가 줄고, 정교하게 거미줄을 쳐서 먹이를 잡는 거미가 번식했다.

거미는 잠자리나 나비처럼 작은 곤충들도 잡아먹지만 쥐나 새처럼 다소 덩치가 큰 동물까지 줄에 걸리면 무조건 잡아먹는 곤충이다. 작은 몸집을 가진 거미가 자기보다 큰 동물들을 손쉽게 잡을 수 있는 건 '포획사' 즉 끈적이는 거미줄 덕분이다. 거미는 배 아랫면에 있는 3쌍의 실젖에서 거미줄을 만들어낸다. 자신이 이동하기 위해 치는 거미줄은 매끈하고 부드러운 반면, 먹이를 잡기 위해 치는 거미줄은 먹이가 도망가지 못하도록 끈적이는 성질을 가지고 있다. 이처럼 거미는 힘들게 이동하지 않아도 일정한 지역에 거미줄을 쳐서 손쉽게 먹이 사냥을 할 수 있도록 그 기능을 최적화했다. 온 세상을 헤매고 다니는 것이 아니라 국부적(局部的)으로 최적화된 시스템을 만들어낸 것이다.

——— 국부적으로 최적화하라

상황이나 환경을 균질 상태에서 비균질 상태로 바꾼다.

여러 부분이 서로 다른 기능을 수행하게 한다.

각 부분이 최상의 작동 조건이 되도록 한다.

——— 노키아의 개발도상국용 휴대전화

얼마 전까지 한국의 휴대전화는 기술상이나 디자인 면에서 세계 최고 수준이었지만 노키아(Nokia)에 비해 시장점유율이 낮은 상태였다. 그러나 삼성전자나 LG전자는 시장점유율에 신경 쓰지 않고, 고급 휴대전화에 주력해 주로 미국이나 유럽시장을 공략하는 전략을 펼쳤다. 반면 노키아는 저가 휴대전화를 만들어 중국이나 인도와 같은 개발도상국을 공략했다. 국내 휴대전화 회사들의 고급 프리미엄 휴대전화와는 달리 노키아는 개발도상국가인 인도와 중국에 맞는, 기본 기능만 갖춘 30~50달러 수준의 저가 휴대전화를 개발했다. 결국 노키아는 중국이나 인도 상황에 맞게, 삼성전자나 LG전자는 미국이나 유럽 상황에 맞게 국지적으로 최적화된 전략을 써서 시장점유율을 끌어올렸다.

04 차별화하라

기린의 목이 긴 이유

모든 것이 메말라버리는 아프리카 초원의 건기는 포식동물에게도, 초식동물에게도 견디기 힘든 시기다. 특히 풀을 먹지 않으면 죽음에 이르게 되는 가젤과 일런드, 얼룩말, 누와 같은 초식동물들은 새로운 초원을 찾아 목숨을 건 대이동을 감행해야 한다. 우기 때는 아무 곳에나 풀이 있어 먹을 게 풍부하지만 건기가 되면 초원이 메말라 먹을 게 없어 굶어 죽는 게 다반사이기 때문이다.

그런데 건기에 이뤄지는 초식동물의 대이동에서 예외인 동물이 있다. 기린은 물을 많이 먹지 않기 때문에 풀에서 보충한 수분으로도 한 달 이상을 버틸 수 있다. 제아무리 모든 게 바싹 말라버리는 건기라 하더라도 뿌리가 깊은 일부 나무는 높은 곳에 아직 수분이 남아 있는 푸른 잎을 가지고 있기 때문에 기린은 특유의 긴 목으로 남은 잎을 따먹을 수 있어 대이동을 하지 않고도 건기를 견딜 수 있다. 기린은 오랜 세월 동안 건기에 살아남기 위해 다른 초식동물은 볼 수 없는 나무의 높은 곳을 공략했기 때문에 목길이가 계속 길어지는 진화를 거듭하게 됐고, 신장이 6m에 달하는 가장 키가 큰 동물이 됐다.

차별화하라

기존의 것과 다른 차별화를 만들어라.

대칭형을 비대칭형으로 하라.

한국과 일본의 초고층 경쟁

한국의 건설은 1990년대까지만 해도 시공능력을 세계적으로 인정받았지만 기술적으로는 다소 부족하였다. 이 시기에 우리보다 기술력이 월등한 일본과 말레이시아에서 경쟁할 일이 생겼다. 말레이시아 정부는 80층 쌍둥이 빌딩을 지으면서 하나는 한국에, 또 다른 하나는 일본에 맡기면서 빨리 짓는 측에 인센티브를 주겠다고 했다. 한국과 일본은 거의 비슷한 속도로 공사를 진행하다가 승부는 종반에 났다. 놀랍게도 한국이 승리했다.

승리의 기폭제는 '타워 크레인'이었다. 공사를 빠르게 진행하기 위해서는 많은 타워 크레인을 쓰는 것이 유리하다. 일본은 고층 공사가 진행되자 공간이 협소하다고 판단해 타워 크레인 두 개에서 하나로 줄였다. 그러나 한국은 타워 크레인을 두 개를 지속적으로 운영해 일본보다 앞서 공사를 마무리할 수 있었다. 공간이 협소한 것은 일본만의 문제는 아니었을 터, 대체 어떤 방법으로 한국은 두 개의 타워 크레인을 쓸 수 있었을까? 한국은 타워 크레인 두 개의 높이를 각각 다르게 설치함으로써 좁은 공간에서도 중첩되지 않고 공사를 할 수 있게 했다. 타워 크레인의 높이를 비대칭으로 설치한 것이 스피드 싸움에서 이긴 비결이었다.

05 한 번에 동시에 하라
비틀스의 차별화 전략

대중음악 부문에서 비틀스(Beatles)처럼 큰 영향력을 발휘하면서 대중을 사로잡은 가수(밴드)는 전무후무하다. 비틀스는 빌보드 차트 1위곡만 해도 20곡을 랭크할 정도로 현재 기준으로 가장 많이 1위를 차지한 가수로 기록됐으며, 50여 곡 넘는 톱 40 싱글들을 발표했다. 전 세계적으로 10억 장 이상의 음반을 판매하는 등 상업적으로 기록적인 성공을 거둔 이 위대한 밴드는 영국의 작은 항구 도시에 살았던 시골 청년 존 레넌에서부터 출발한다.

존은 지하 카페에서 '쿼리맨'이라는 그룹을 만들어 활동했다. 그러던 어느 날, 존은 친구로부터 폴 매카트니를 소개받는다. 그 후 조지 해리슨과 링고 스타가 합류해 1958년에 '비틀스'라는 이름으로 역사적인 새 출발을 하게 된다. 비틀스는 뛰어난 연주 실력과 가창력을 갖추고 있었다. 작곡도 뛰어나 자신들이 추구하는 음악을 스스로 만들었다. 결국 비틀스는 자신들이 작곡한 노래를 스스로 연주하면서 노래를 불렀다. 물론 지금은 연주, 작곡, 노래를 동시에 해내는 가수들도 많지만 비틀스 이전의 가수들은 그렇지 않았다. 비틀스는 연주, 노래, 작곡을 동시에 함으로써 자신들을 차별화할 수 있었다. 이런 차별화가 영국 국민의 90%를 비롯해 전 세계의 많은 사람들을 비틀스의 팬으로 만들었다.

한 번에 동시에 하라

동일 유사 기능을 통합한다.

연관 기능을 결합한다.

스타벅스의 바리스타

과거의 커피숍은 철저하게 분업화돼 있었다. 커피숍에 들어가 보면 일단 주문을 받는 사람이 와서 어떤 커피를 마실 건지 주문을 받고, 주방에서 커피를 만드는 사람에게 주문 사항을 알려주었다. 그리고 커피를 다 마시고 일어서면 계산하는 사람에게 커피값을 계산하는 방식이었다. 물론 홀을 관리하는 사람이 따로 있어서 청소를 하거나 주변 정리를 했다.

그러나 세계적인 커피 브랜드인 스타벅스(Starbucks)는 바리스타(Barista) 제도를 도입했고, 이 모든 과정을 한 사람이 할 수 있도록 통합했다. 바리스타가 손님에게 주문을 받기도 하고, 커피를 만들기도 하고, 홀 관리를 하기도 한다. 과거에는 네 사람이 하던 일을 한 사람이 통합해서 하는 것이다. 물론 한 사람이 감당하기에 손님이 많아지면 바리스타를 한 사람씩 늘려가며 일을 분담하는 방식을 취한다.

06 하나에 여러 기능을 연계하라
르네 마그리의 상상력

벨기에의 화가 르네 마그리트는 초현실주의적인 그림을 그렸다. 그의 대표적인 작품이자 가장 유명한 그림인 '겨울비'는 현대 사회의 비애인 익명성과 획일성을 표현한 작품이다. 마그리트는 한겨울 내리는 겨울비(눈이라고도 함)를 보고 이 그림을 그렸다고 한다. 얼핏 보면 모두 중절모를 쓰고 검은 코트를 입은 똑같은 사람처럼 보이지만 자세히 보면 제각각 다른 모습을 하고 있다는 사실을 알게 된다. 그림에는 우산을 들고 있는 사람, 가방을 들고 있는 사람, 코트 주머니에 손을 넣고 있는 사람, 정면을 보고 있는 사람, 옆으로 서 있는 사람, 등을 돌리고 서 있는 사람 등 모두가 조금씩 다른 모습이다. 하나의 그림 안에 여러 가지 인물과 인물을 연결해 그림을 보는 사람의 상상력을 자극한다.

_______ 하나에 여러 기능을 연계하라

동일 유사 기능을 통합한다.

_______ 맥가이버의 칼

스위스의 빅토리녹스 사는 설립 초기에는 주방용 칼이나 면도칼, 외과수술용 칼 등을 만드는 곳이었다. 그러다 1891년에 스위스 군대에 칼을 납품하게 되면서 빅토리녹스는 고민에 빠졌다. 치열한 전장을 누비는 군인들은 이미 소지하고 다녀야 할 것들이 너무 많아 더 많은 무게를 감당하게 할 수 없었다. 이때 모든 것을 하나로 통합하는 아이디어가 나왔다. 군인들이 휴대하기 편하게 칼 이외의 몇 가지 도구를 통합해 작게 만드는 바로 '맥가이버 칼'로 불리는 스위스 군용 칼(Swiss Army Knife)이었다. 스위스 아미 나이프에는 칼과 병따개, 가위, 코르크 스크루, 드라이버, 돋보기, 자, 생선 다듬는 칼, 핀, 이쑤시개, 실, 밴드 등이 들어 있다.

07 짝짓기하라
마트로시카 인형

마트로시카(러시아어: Матрёшка)는 일본에서 나온 기념품에서 착안한 것인데, 1890년경 러시아에서 처음으로 만들어진 나무 인형이다. 인형 몸통 속에 조금씩 작은 인형이 들어가 있는 재미있는 형태인데 보통 6회 이상 이런 구조가 반복하는 상자로 돼 있다.

인형엔 여인이 그려져 있는 것이 기본이지만 대통령 등 유명인이 그려진 변형된 인형도 있다. 1900년에 러시아 각지에서 여러 가지 마트로시카가 만들어지면서 러시아 민예품과 선물용이 됐다. 모스크바 거리에 나가면 외국 관광객들을 위해 특별히 고안한 마트로시카를 볼 수 있다. 만화영화 캐릭터와 디즈니 만화를 주제로 한 것, 비틀스와 같은 대중음악가와 마이클 조던과 같은 스포츠 스타들의 모습을 한 마트로시카를 거리에서 쉽게 만날 수 있다. 한때 클린턴 대통령과 모니카 르윈스키의 부적절한 관계가 이슈가 됐을 땐 빌 클린턴 미국 대통령의 모습을 한 인형 안에 모니카 르윈스키가 들어간 마트로시카가 만들어져 인기를 끌기도 했다.

———— 짝짓기하라

하나의 객체를 다른 객체 속에 넣는다.

하나의 객체가 다른 객체 속을 통과하도록 한다.

———— '예치과'라는 병원 브랜드

대기업처럼 직원이 많고 사업 부문이 많으면 광고 비용을 과감하게 투자할 수 있지만 중소기업은 마케팅에 비용을 투자하는 게 힘들다. 당장 직원들의 월급 걱정부터 해야 하는 중소기업들이 많기 때문이다. 이런 현상은 병원에서 더 심하게 나타난다. 규모가 작은 치과는 의사 1명에 위생사 2명 정도로 마케팅은 생각조차 하기 어렵다. 하지만 이런 고정관념을 확실하게 깬 치과가 바로 '예치과'다. 예치과는 1990년대 초부터 1인 치과가 아닌 공동 개원하는 방식으로 치과를 운영했다. 하나의 객체를 다른 객체 속에 넣는 방식이다. 예치과의 브랜드 마케팅 방식이 성공하자 기존의 다른 치과에서 예치과 브랜드를 쓰길 원했다. 그렇게 해서 예치과는 자신의 브랜드를 공동으로 사용하는 방식으로 다른 치과들과 제휴하면서 더욱더 과감하게 마케팅에 비용을 투자할 수 있었다.

 08 개방을 활성화하라
폐화산의 케이블카, 푸니쿨리 푸니쿨라

이탈리아 나폴리에서 동쪽으로 12km 떨어진 곳에 베스비오(Vesuvio)라는 산이 있다. 〈폼페이의 최후〉라는 영화에 등장했던 이 화산을 관광 명소로 만들기 위해 1880년에 케이블카를 설치했다. 그러나 관광객들은 화산 꼭대기로 간다는 불안감과 케이블카가 위험할 것이라는 두려움 때문에 케이블카를 이용하지 않았다. 케이블카를 설치한 토마스 쿡은 고민 끝에 관광객들의 불안 심리를 잠재울 수 있는 방법으로 음악을 생각했다. 작사는 당시 나폴리 신문 기자였던 쥐세페 투르코가 맡고, 작곡은 나폴리 출신 런던대학 음악 교수였던 루이시 덴차에게 의뢰했다. 루이시 덴차는 경쾌한 나폴리 변주곡을 작곡했고, 주세페 투르코는 '푸니쿨리 푸니쿨라'를 만들었다. 푸니쿨라는 케이블카인 푸니콜라레(Funicolare)를 뜻한다.

"새빨간 불을 뿜는 저기 저 산/ 그곳은 지옥 속에 솟아 있는 곳/ 보러 가자 전자를 타고/ 저 연기는 올라 오라고 손짓하고 있고!"

경쾌한 이 노래는 이탈리아 가요제에 출품돼 폭발적인 인기를 얻었다. 당연히 케이블카는 순식간에 관광객으로 넘쳐났다.

개방을 활성화하라

상승력을 갖는 것과 결합해 활성화한다.

침체 경향을 여러 가지 힘을 이용해 활성화한다.

〈겨울연가〉 속의 남이섬

제품간접광고(Product Placement)로 불리는 PPL은 영화나 텔레비전 드라마에 상품을 협찬하면서 광고보다 자연스럽게 자사 상품을 홍보하는 방식이다.

60년대 중반에 시작된 남이섬의 역사는 90년대까지만 해도 향락객들의 유원지와 대학생들의 MT촌에 불과했다. 일반인들은 먹고 마시는 장소로 전락한 남이섬에 더 이상 매력을 느끼지 못했다. 남이섬은 경영난에 허덕이다가 대대적인 변화를 시도해 유원지로 황폐화된 남이섬을 자연의 모습 그대로 되돌려놓았다. 하지만 마땅히 홍보할 방법도 없었고 쌓인 적자 때문에 많은 비용을 들여 광고할 수도 없는 상황이었다. 마침 KBS TV 〈겨울연가〉 촬영 팀이 장소 헌팅을 나왔을 때 남이섬의 강우현 대표는 촬영 장소로 적극 협조하겠다고 제의하면서 〈겨울연가〉의 상당 부분을 남이섬에서 촬영하게 됐다. 드라마가 방영되면서 남이섬의 아름다운 모습이 많은 사람들에게 알려졌고 커다란 홍보 효과를 거두게 됐다. 남이섬은 매년 200만 명이 찾는 문화 관광지로 바뀌었다. 제주도를 찾는 관광객 수가 500만 명인 걸 감안하면 남이섬이 거둔 실적은 대단하다고 볼 수밖에 없다.

 미리 반대 방향으로 조치하라
하이든의 고별 교향곡

18세기 후반의 오스트리아 빈 고전파를 대표하는 작곡가이자 교향곡의 아버지로 불리는 프란츠 요제프 하이든(Franz Joseph Haydn)은 궁중악단의 악장이었다. 궁내의 공간이 부족해 악장인 하이든을 포함한 네 명의 단원에만 가족과의 동거를 허용하고, 나머지 단원들은 독신으로 궁에 머물 수 있었다. 당연히 단원들은 하이든에게 가족들과 헤어져 살아야 하는 불편을 해소해달라는 건의를 자주 했다. 마침내 하이든은 연주하는 곡의 끝부분마다 악사들이 한 사람씩 연주를 마치고 촛불을 끈 다음, 악기를 들고 퇴장하는 교향곡을 만들었다. 연주 마지막에 두 사람만 남아 쓸쓸한 모습으로 연주하는 교향곡을 작곡해 단원들이 가족과 만나고 싶어 하는 간절한 심정을 표출한 것이다. 이렇게 해서 만들어진 곡이 '고별 교향곡'이다. 처음엔 고별 교향곡이라는 제목이 아니었으나 이 곡을 들은 그들의 후원자인 에스테르하지 공(公)이 고향에 돌아가고 싶은 단원들의 심정을 이해하게 되면서 '고별'이란 이름이 붙었다고 한다.

미리 반대 방향으로 조치하라

유해한 효과 제거를 위해 미리 반대 조치를 취해 놓는다.

미리 반대의 응력을 준다.

송전 시설의 여유 전깃줄

전기 송전 시설은 한 번 설치하면 그 수명이 1백 년 정도는 돼야 한다. 도시에 있는 송전 시설의 수명을 1백 년 동안 유지하는 것은 어려운 일이 아니다. 문제는 산꼭대기에 설치된 송전탑이다. 산꼭대기에 전선이 연결되면 여름엔 뜨거운 태양을, 겨울엔 극한의 한파를 견뎌내야 한다. 그래서 송전 시설을 설치할 때 '애자'라고 불리는 것을 사용한다. 햇빛이 뜨거우면 전선은 열에 의해 팽창될 것이며, 추위가 오면 전선이 수축될 것이므로 이때 전선의 팽창과 수축을 완화시켜줄 애자를 설치한다. 애자는 날씨와 기온의 차이로 예상되는 전선의 팽창과 수축의 반대 작용 역할을 하며 전선의 수명을 늘려준다.

10 미리 조치하라
도토리 껍질이 있는 이유

도토리나무는 우리나라 어느 산에서나 볼 수 있는 나무다. 그만큼 번식에 뛰어난 나무다. 도토리는 견과류로 겉에는 단단하고 매끄러운 과피가 있으며 속엔 조각으로 된 한 개의 종자가 들어 있다. 이 열매에 녹말이 들어 있어 다람쥐의 먹이가 되기도 한다. 도토리는 다람쥐의 먹이가 되지 않기 위해 자신을 두꺼운 껍질로 보호하며 진화했다. 다람쥐들은 도토리 껍질이 쉽게 벗겨지지 않아 도토리를 먹을 수 없게 됐다.

그러나 두꺼워진 도토리 껍질은 다람쥐의 먹이가 되는 신세는 면했지만 싹을 틔우기는 어려워 개체 번식에 문제가 생겼다. 껍질이 비교적 얇은 도토리는 쉽게 껍질이 벗겨지지만 그렇다고 곧장 다람쥐의 먹이가 되지는 않았다. 다람쥐는 도토리를 바로 먹는 게 아니라 나뭇잎 속에 감췄다가 나중에 먹는 습관이 있다. 그런데도 종종 다람쥐들은 자신이 감춰둔 도토리가 어디에 있는지 기억하지 못해 나뭇잎 속에 있던 도토리가 싹을 틔워 번식할 수 있었다. 도토리나무는 다람쥐의 습성을 이용해 번식하기 시작했다. 도토리나무는 다람쥐가 좋아하는 먹이가 되기 위해 지속적으로 껍질을 얇게 만들어 진화했다.

미리 조치하라

요구되는 작업을 미리 수행한다.

인터넷 예약 서비스

해외 여행을 자주 다니는 사람이라면 비행기를 타러 공항에 들어서면 발권과 좌석 배치를 위해 카운터에 긴 줄이 늘어서 있는 걸 보면 절로 한숨이 나온다. 고객들이 긴 줄을 서지 않게 하려면 발권 카운터를 늘려야 하는데 이는 고스란히 항공사의 비용 부담으로 되돌아오므로 쉽게 개선할 수 있는 사항이 아니다. 고객들이 공항에 도착하기 전에 미리 발권 업무를 할 수 있는 방법을 찾던 항공사들은 인터넷을 생각해냈다. 인터넷으로 미리 결재하고, 공항에서는 자동 좌석 배정기가 좌석 배정 업무를 담당하게 했다. 이렇게 되면 고객들은 긴 발권 줄에 서 있지 않아도 되고, 항공사 입장에서는 카운터를 늘리지 않아도 되기 때문에 추가 비용에 대한 부담을 줄일 수 있다.

11 미리 예방하라
사막에 적응한 낙타의 몸

낙타는 가시 식물이나 건초처럼 다른 동물들은 먹을 수 없는 형편없는 먹이만 있어도 살아갈 수 있다. 혹에 지방을 저장해 주변 상황이 나쁘면 쌓아둔 지방을 이용해 살아가는 것이다. 또 낙타의 몸에 있는 수분은 서서히 없어지지만 100ℓ 정도의 물을 마시면 잃어버린 체중을 10분 안에 되찾을 수 있기 때문에 며칠 동안 물을 마시지 않고도 살 수 있다. 다른 동물들의 경우 짧은 시간 동안 한꺼번에 많은 물을 섭취하면 체내에 심각한 삼투압 문제를 유발해 죽음으로 갈 수도 있지만 뜨거운 사막 환경에 적응한 낙타는 체내 구조의 특이성 때문에 별다른 문제없이 다량의 물을 마실 수 있다. 그래서 낙타는 사막에서 그 어떤 동물보다 잘 살아갈 수 있다.

 ______ **미리 예방하라**

미리 안전 및 예방 조치를 취한다.

 ______ **자동차의 에어백**

우리는 자동차를 타지 않으면 이동이 불가능한 시대에 살고 있기 때문에 누구나 자동차 사고 위험에 노출돼 있다. 사고가 날 경우를 대비해 에어백은 필수적이다. 에어백은 자동차 사고 발생 시 충격을 받으면 부풀어올라 승객과 자동차 사이에 완충 역할로 부상을 예방하고 생명을 구하기 위해서 발명된 것이다. 1968년 알렌 브리드는 세계 최초의 선사식 자농자 에어백 시스템을 이용한 자동차 센서와 안전 시스템을 발명했다. 이후 에어백은 진화를 거듭해 운전석뿐 아니라 뒷자리에도 에어백이 설치되면서 다양한 측면에서 발생할 수 있는 자동차 사고를 대비할 수 있게 했다.

 12 효과적인 자원을 도출하라
서산방조제에 등장한 폐 유조선

건설 사업이 한창이었던 1970년대, 현대건설은 바다를 막아 논으로 만드는 간척사업을 꿈꿨다. 농지가 부족했던 국내 상황에서 정부는 1979년에 현대건설이 서산 앞바다를 막아 간척하는 사업을 승인했다. 1980년부터 홍성군 서부면과 태안군 남면 사이를 잇는 제방 공사가 시작됐다. 양쪽에서 제방을 쌓아 중간 지점까지 오자 서해 바다 간만의 차이로 썰물이 좁은 통로로 빠져 나가면서 애써 쌓아놓은 제방이 자꾸 쓸려 나가는 현상이 발생했다. 아무리 제방을 쌓아도 썰물에 쓸려 나가는 현상을 당시의 토목 기술로는 도저히 해결할 수 없었다. 이때 현장을 살피던 현대건설 정주영 사장은 수 년 간 간직했던 간척사업의 꿈을 접을 수 없다는 비장한 마음으로 획기적인 아이디어를 떠올렸다. 만조 시에 332m의 폐 유조선을 끌고와 제방 양쪽에 두면 간조 시에 뻘에 유조선이 박혀 물막이 역할을 할 것이라는 아이디어였다. 그의 아이디어는 멋지게 성공했고, 제방을 무사히 완공할 수 있었다. 고(故) 정주영 회장은 폐 자원을 이용해 성공적으로 바닷물을 막았고 '유조선 공법'이라는 새로운 방법을 만들어냈다.

 효과적인 자원을 도출하라

효과적인 자원으로 환경을 변화시킨다.

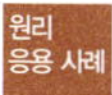 홈쇼핑 TV

예전에 전업 주부들은 쇼핑하고 싶어도 육아에 매달려 있어 밖으로 나가 쇼핑하는 게 쉽지 않았다. 쇼핑 업체들은 주부들에게 상품을 팔고, 주부들은 쇼핑하고 싶은 욕구를 해소하게 해준 건 다름 아닌 홈쇼핑 TV였다. 홈쇼핑 TV가 실현되자마자 예상대로 주부들의 폭발적인 사랑을 받았다. 게다가 상품의 실제 모습을 텔레비전 화면으로 보여주고 쇼핑 호스트가 직접 상품의 효용성까지 설명해줘 판매는 더욱 상승했다. 그 누구도 텔레비전으로 쇼핑할 수 있는 세상이 올 거라고 생각하지 않았지만 주부들의 욕구를 잘 포착한 쇼핑 업체들은 효과적인 자원인 텔레비전을 이용해 '홈쇼핑'이라는 개념을 만들 수 있었다.

13 거꾸로 하라
날아다니는 펭귄

펭귄은 남극에서 영하 40~50°에 달하는 추위를 견디며 살고 있는 유일한 남극 새이지만 지금은 전 세계 어느 동물원에서나 키워지고 있어 희귀성이 없다. 일본 홋카이도에 있는 아사히야마(旭山) 동물원은 인기가 없는 펭귄을 재미있게 보여줄 방법을 연구했다. 펭귄이 헤엄칠 수 있도록 커다란 수족관을 만들고, 수족관 밑에 투명 플라스틱 터널을 만들었다. 관람객이 수족관 밑에 설치된 플라스틱 터널에 서서 위를 보면 헤엄치는 펭귄이 마치 날아가는 것처럼 보인다. 관람객들의 위치를 거꾸로 돌려 펭귄이 헤엄치는 모습이 날아가는 모습으로 보이게 만든 것이다. 만약 제품에 희소 가치나 특별함이 없다면 새로운 희귀성을 부여하면 된다.

________ 거꾸로 하라

반대 작용을 실행한다.

움직이는 부분을, 고정하고 고정된 부분을 움직인다.

돌리거나 뒤집는다.

________ 도심의 스노보드 경기

2009년 12월의 어느 날, 서울 광화문에 갑자기 사람들이 모여들기 시작했다. 무려 6만 5,000여 명의 시민이 한 곳에 모인 것이다. 놀랍게도 광화문 광장에 높이 34m, 길이 100m의 스노보드 경기장에 설치됐다. 산 속에서나 볼 수 있는 스노보드 경기장이 서울 도심 한복판에 설치돼 국제스노보드 경기가 개최됐다. 스노보드는 대중적으로 사랑받는 스포츠는 아니다. 그러나 서울 도심 한복판에서 경기를 개최해 화제가 됐다. 전 세계인의 이목이 집중된 이번 행사는 대한민국의 브랜드 가치를 높이는 소중한 발판이 됐고 한국과 서울, 스노보드를 알리는 소중한 기회가 됐다.

14 곧은 개념을 구부려라
게이츠헤드의 곡선 다리

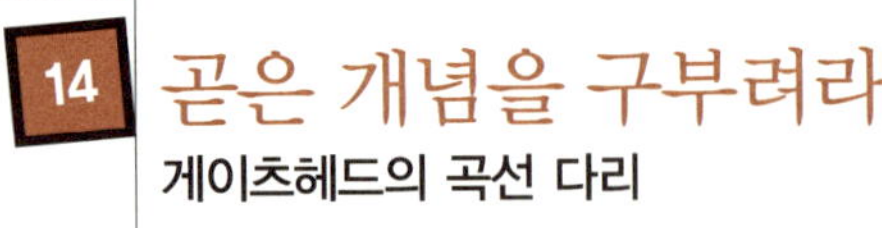

영국 북동쪽의 게이츠헤드(Gatehead) 시는 인구 20만 명의 작은 도시다. 전통 산업인 석탄, 철강, 조선업이 발달했으나 1980년대 후반에 들어서면서 산업 구조의 변화로 고용, 의료, 교육 등이 최악의 상태에 빠져들게 되자 1980년부터 도시 재생 작업이 시작됐다. 문화를 기본으로 하는 도시 재생(Cultural Urban Regeneration)으로 컨셉트를 정하고, 탄광 도시를 문화 도시로 바꾸는 작업에 착수했다. 먼저 도시를 대표하는 상징 조형물을 만들고, 도심을 흐르는 깨끗한 강물과 풍경에 어울리는 다리를 건설했다. 그냥 평범한 다리가 아니라 예술적인 감각을 살릴 수 있는 곡선으로 설계해 낮에는 곡선 다리 위로 사람들이 건너다니고 밤에는 다리를 들어올려 윙크하는 모양으로 설계했다. 윙크하는 다리는 낮에도 아름답지만 밤에도 찬란히 빛날 수 있도록 야간 조명에도 신경 썼다. 인간의 눈꺼풀에서 시작된 이 아름다운 다리의 이름은 밀레니엄 브리지(Millenium Bridge)다. 이처럼 곧은 개념을 구부리는 것 하나로 환경을 파괴하는 개발이 아닌, 환경과 문화를 한 단계 더 끌어올릴 수 있는 도시 개발이 가능했다.

곧은 개념을 구부려라

직선을 곡선으로, 평면을 곡면으로, 입방체를 구체(球體)로 바꾼다.
직선운동을 회전운동으로 바꾼다.

마사이 워킹 슈즈

보통 운동화를 생각하면 일상생활에서는 편하게 신는 캐주얼화와 운동할 때 신는 스포츠화가 떠오르지만 특별한 기능을 강조하는 기능화도 점차 늘어나고 있다. 독일의 한 신발 연구가는 세계 각국의 보행 습관을 연구하던 중 아프리카 마사이족 중에서 신경통 환자가 적다는 사실을 알게 됐디. 미사이족은 길을 때 직립보행을 한다. 그는 마사이족처럼 직립보행을 하면 관절과 척추 건강에 좋다는 생각을 하게 됐다. 그는 신경통이나 관절, 척추에 문제가 있는 사람들이 직립보행으로 병을 고칠 수 있도록 신발 밑바닥을 곡선으로 설계했다. 곧은 성질이나 고정관념을 곡선으로 구부리는 발상의 전환은 신발 밑바닥을 곡선으로 만들고, 발뒤꿈치가 곡선인 '마사이 슈즈'를 개발하도록 유도했다.

15 부분적으로 자율권을 부여하라
재즈 연주

재즈의 리듬과 사운드, 블루스 하모니는 아프리카 음악의 감각과 미국 흑인 특유의 음악 감각에서 나온다. 그리고 사용되는 악기와 멜로디, 하모니는 유럽의 전통적인 수법을 따르고 있다. 재즈의 매력은 자율이다. 아프리카, 미국, 유럽 등 여러 나라의 음악을 혼합했듯이 재즈는 음악 자체뿐 아니라 연주자의 개성을 살린 자율성을 인정해주는 음악이다. 그래서 재즈 연주자들은 악보에 의해 연주하지만 자신의 감정을 살리기 위해 악보를 다르게 해석하는 즉흥 연주가 가능하다. 연주자들에게 부분적으로 자율권이 부여돼 곡의 분위기에 따라 창의적인 연주를 할 수 있는 것이다.

_______ 부분적으로 자율권을 부여하라

다른 상황에서도 최고능력을 발휘하도록 바꾼다.

고정적인 것은 움직일 수 있도록 자율권을 준다.

_______ 3M의 15% 룰

누군가의 억압으로 일을 하는 것보다 자율적으로 일하는 게 능률이 높은 것은 당연하다. 스카치테이프, 포스트잇 등 수많은 히트품을 내놓고 있는 3M은 직원에게 자율권을 주는 회사로 유명하다. 3M에는 '15% 룰(Rule)'이라는 게 있다. 자신의 업무 시간 중 15% 정도를 회사에서 주어진 일이 아닌, 자신이 하고 싶은 일을 할 수 있도록 하는 제도다. 직원들은 이 15%의 시간에 자율적으로 자신이 하고 싶은 일을 하면서 창의적인 아이디어를 내 새로운 시도를 한다.

16 극단적으로 생각하라
구스타프 클림트의 화려한 그림

구스타프 클림트는 화려한 황금색으로 여인의 그림을 그리는 화가로 유명하다. 오스트리아 빈의 미술공예학교를 나온 뒤 역사주의에 감명을 받아 동양적인 장식 화풍에 추상화 개념을 접목해 템페라나, 금박, 은박 등 다채롭고 독창적인 기법을 구사했던 화가다. 만약 그가 대부분의 화가처럼 보이는 대로 사물을 표현했다면 지금처럼 위대한 화가로 기억되지 못했을 것이다. 하지만 구스타프 클림트는 자신만의 독창적인 길을 선택해 위대한 화가의 반열에 올랐다. 주로 그는 빈의 상류층 여성들의 초상화를 그렸는데 적당하게 표현하는 것 대신 여성의 아름다움과 금박 의상과 장식을 극대화함으로써 화려하고 아름다운 미술 장르를 개척했다는 평가를 받았다.

 극단적으로 생각하라

지나치게 하거나 부족하게 만든다.

많거나 적게 해 문제를 해결한다.

 인도의 초저가 자동차, 타타

12억 명으로 인도는 인구가 굉장히 많지만 일인당 국민소득이 평균 이하로 낮은 수준이라 자동차를 구매할 수 있는 사람이 많지 않다. '타타'라는 자동차 회사는 인도의 실정에 맞는 초저가 자동차 개발에 착수한다. 오토바이보다 가격이 약간 높지만 경자동차보다 가격이 낮은 2,500달러짜리 초저가 자동차를 개발한 것이다. 가난한 인도 국민들에게 어중간한 중형 자동차로는 어필할 수 없다. 거의 오토바이 수준의 저렴한 자동차가 그들의 니즈에 부합한다. 물론 이 자동차는 특수 플라스틱 재료로 외장을 감쌌고 엔진은 500cc 정도로 오토바이 수준이지만 인도 국민들의 많은 사랑을 받는 국민 자동차로 자리매김하고 있다.

17 다른 각도에서 보라
보는 음악 MTV

1981년, 미국의 유력 미디어 기업인 워너 커뮤니케이션과 카드 회사인 아메리칸 익스프레스가 합작으로 비디오 전문 방송국인 MTV를 설립했다. 그들은 음악이 듣는 형태를 벗어나 보여주는 형태로 발전할 것이라 예상하고 의욕적으로 사업을 전개했다. MTV에서 처음으로 보여준 뮤직비디오는 우주 비행사인 닐 암스트롱이 MTV 깃발을 꽂는 장면을 배경으로 한 버글스의 노래였다. 그들의 예상은 적중했다. MTV를 통해 처음으로 DJ(디스크 자키)라는 신조어가 생겼고 마이클 잭슨, 마돈나 등의 뮤직비디오가 상영되면서 듣는 음악에서 보는 음악으로 많은 사람들의 흥미를 이끌어냈다. 덕분에 MTV는 〈비즈니스 위크〉에서 선정한 세계 최고 브랜드로 7년 연속 선정되기도 했다. 국내에도 그 영향이 미쳐 SM엔터테인먼트 이수만 회장은 미국 유학 시절에 MTV의 '보는 음악'을 보고 노래와 함께 춤을 추는 가수 양성을 목표로 SM엔터테인먼트를 설립했다.

다른 각도에서 보라

2차원의 물체를 3차원으로 바꾸어 보라.

반대 측면에서 바라보고 활용 방안을 찾는다.

2009년 히트 상품, 제주도 올레길

제주도는 평범한 '시골길'을 다른 각도에서 보고 '올레길'로 바꿔 트레킹 코스를 개발했다. '올레'란 제주도 방언으로 '거리 길에서 대문까지 통하는 아주 좁은 골목길'이라는 의미다. 서귀포 시에 따르면 2008년 말까지 3만 명이 제주 올레 코스를 찾았다. 특별한 패키지가 있는 관광도 아니고 엄청난 시설이 새로 생긴 것도 아니다. 바닷가 길, 산길, 동네 길을 연결해 걷는 길을 만들었는데 2009년에는 15개의 코스에 총 266km의 탐방로를 조성해 더욱 확장했다. 삼성경제연구소는 '올레길'을 2009년 히트 상품으로 선정했다.

18 고정 변수를 변화시켜라
진동으로 음악을 듣는 에디슨과 헬렌 켈러

에디슨은 전구, 축음기, 전보, 전화, 파이프 라이터, 마이크로폰, 영화 촬영용 카메라, 영화 필링, 축전지, 전기 철로, 합성고무, 시멘트, 채굴 기계, X선, 발전 시스템 등 실로 다양한 방면에서 광범위한 발명품을 내놓았다. 그는 1,093건의 특허를 취득했으며, 1,300여 건의 발명품을 세상에 내놓았다. 그의 발명에 대해 아는 사람은 많지만 '그가 어린 시절에 귀를 다쳐 잘 들을 수 없었다.'는 것을 아는 사람은 드물다. 에디슨은 잘 들진 못했지만 음악을 좋아했다. 에디슨은 연구소 한 가운데 피아노를 갖다놓고 연구원들과 모여서 연주회를 하기도 했다. 나중에는 전혀 들리지 않았지만 아이러니하게도 그는 축음기 발명에 매달렸다. 축음기를 개발하면서 음악 소리가 들리지 않자 축음기의 몸통을 껴안고 몸에 전달되는 진동으로 소리를 느끼며 개발에 매달렸다. 실제로 축음기가 개발되자 헬렌 켈러가 에디슨 연구소를 방문했다. 에디슨은 헬렌 켈러와 함께 축음기를 안고 소리를 몸으로 느꼈다. 그는 소리를 듣는 게 아니라 진동을 느끼면서 축음기를 개발했다.

고정 변수를 변화시켜라

진동을 이용했다.

진동이 있다면 그 진동수를 초음파까지 증가시킨다.

축음기를 개발했다.

학생을 찾아가는 눈높이 학습

전통적인 교육방법은 학생은 학교에 가서 학습하고, 교사는 학교에서 학생들을 지도하는 것이었다. 이 방식을 완전히 바꿔버린 기업이 대교그룹이다. 대교의 눈높이 학습은 학생이 움직이는 게 아니라 교사가 학생이 있는 가정을 방문해 지도하는 방문 학습 제도를 만들었다. 학교에서는 정해진 수업 계획에 의해 학생들이 학습을 하지만 방문 학습의 경우에는 학생의 수준에 따라 수업 진도가 달라진다. 방문 학습은 고정 변수를 유동 변수로 바꿔 학생 맞춤 학습 형태로 변화한 것이다.

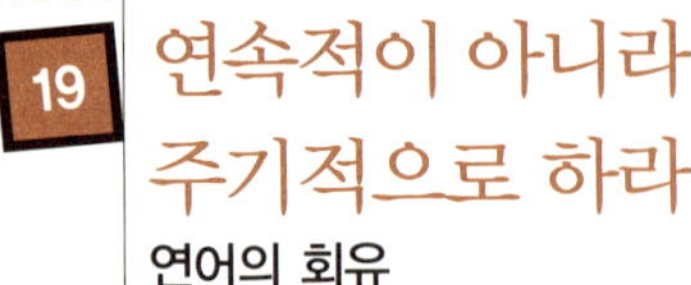

19 연속적이 아니라 주기적으로 하라

연어의 회유

연어는 민물의 깨끗한 개천의 상류에 알을 낳고 부화하면 바다에 나가서 살다가 산란철이 되면 다시 자신이 태어난 개천의 상류로 찾아와 알을 낳는다. 연어는 어떻게 태어난 강을 기억하고 돌아오는 것일까? 어류학자인 허슬은 "연어는 태어나서 바다로 나갈 때까지의 기간에 자신이 태어난 강의 냄새를 기억하고, 회유를 한 후 그 냄새에 의존해 자신이 태어난 강으로 돌아온다."고 말한다. 연어에 발신기를 붙여 연안에서의 이동을 관찰해본 결과 연어는 실제로 자신이 태어난 강물이 흘러나오고 있는지 탐색하면서 이동하는 것을 알 수 있었다.

연속적이 아니라 주기적으로 하라

연속적인 조치를 주기적인 조치로 바꾼다.

작용과 다음 작용 사이의 시간 터울을 이용한다.

도심의 가변 차선제

어느 나라를 가도 그 나라에서 가장 번화한 도시는 복잡할 수밖에 없다. 사람과 차도 많지만 가장 큰 문제는 도심의 대부분이 옛날에 설계됐기 때문에 차로가 좁다는 데 있다. 복잡한 도심의 제한적인 상황을 잘 풀어나간 사례가 바로 가변 차선제다. 출근 시간을 한 번 상상해 보자. 줄근 시간에는 외곽에서 도심으로 진입하는 차선이 많이 밀리지만 반대로 퇴근 시간에는 차량이 도심에서 외곽으로 빠져나가기 때문에 또 한 번 병목현상이 생긴다. 한정된 도로에서 차량 소통을 다소나마 원활하게 유도하기 위해 러시아워 때 가변 차선 제도를 시행하는 것이다. 출근 시간에는 도심으로 진입하는 차선의 신호등을 파란색으로 표시하고, 퇴근 시간에는 도심에서 외곽으로 빠지는 차선의 신호등을 파란색으로 켜지게 해서 차량이 적절하게 분배될 수 있도록 했다.

20 유용한 작용을 지속시켜라

가젤과 치타의 속도 경쟁

가젤은 작은 영양으로 몸이 섬세할 뿐 아니라 우아하고 몸통이 좁고 길다. 가젤은 사바나, 사막 등 건조 지역에서 서식하며 저녁에는 어린 싹이나 풀, 관목의 잎 등을 먹으며 살아간다. 특이한 점은 달리는 속도가 굉장히 빠르다는 것이다. 자연에서 특별한 생존 무기가 없는 가젤은 항상 치타와 같은 맹수들의 표적이 되기 때문에 빠른 동작과 스피드는 생존에 반드시 필요한 능력이다. 몸이 빠른 치타와 표범이 공격해오면 가젤은 그들보다 더 빠른 속도로 도망쳐야 한다. 치타와 표범은 가젤을 잡기 위해 더 빠르게 진화하고 있으며, 가젤 역시 그들에게 잡아먹히지 않기 위해 더 빠르게 진화하고 있다.

유용한 작용을 지속시켜라

중단 없이 가동한다.

동작 중단이나 간헐적 동작은 없앤다.

온라인 뱅킹

여신은 은행의 기본 업무다. 은행을 찾는 고객들은 아무 때나 자유롭게 입출금하길 원하지만 은행은 업무 시간 때문에 오전 9시부터 오후 4시까지만 창구 업무를 하고 있다. 하지만 고객들은 여신 업무가 24시간 지속돼서 원하는 시간에, 어느 장소에서든 입출금을 할 수 있길 바란다. 은행을 마치 24시간 편의점처럼 이용할 수 있길 바라는 것이다. 고객의 불편과 은행의 비용 부담을 고려한 아이디어가 바로 온라인 뱅킹이다. 온라인 뱅킹의 출현으로 창구 업무가 마감돼도 고객들은 인터넷으로 자유롭게 입출금할 수 있다. 온라인(Online) 뱅킹의 등장이 24시간, 365일, 어느 때든 은행의 유용한 작용을 지속할 수 있게 만든 것이다.

21 유해하다면 빨리 진행하라
물총새의 가벼운 스피드

잘 인식하지 못하지만 우리 주변에는 우수한 것들이 많이 있다. 그 중 하나가 물총새인데 '물고기를 잘 잡는 제왕'이라는 의미로 킹피셔(Kingfisher)라 불리기도 한다. 물총새는 흐르는 물에서 헤엄치는 물고기를 사냥하는데 이것이 가능한 것은 물총새에게 뛰어난 시야와 빠른 스피드가 있기 때문이다. 물고기가 있을 만한 곳을 빠른 속도로 비행하다가 물고기를 발견하면 공중에서 비행을 정지한다. 물론 나는 것을 멈추고 공중에 떠 있는 것은 쉬운 일이 아니다. 머리를 한 곳에 고정하고 비행 정지를 하기 위해 물총새는 초당 10회 이상으로 빠르게 날갯짓을 한다. 그리고 정확하게 목표물을 발견하고, 목표물로 뛰어들 때는 시속 100km 이상으로 물속 1~2m까지 돌진한다. 물총새의 속도가 매우 빠르기 때문에 먹잇감으로 선택된 물고기는 물의 파장을 느끼지도 못하고 물총새에게 사냥당하고 만다.

유해하다면 빨리 진행하라

위험한 요소를 배제하기 위해 고속으로 진행한다.

고속도로의 하이패스

고속도로는 유로이기 때문에 요금을 징수하기 위해 톨게이트를 만든다. 고속도로가 건설된 초기에는 고속도로 톨게이트에 진입할 때 목적지까지의 요금을 내야 했다. 그러다 보니 톨게이트 진입로에서부터 통행료를 지불하기 위해 대기하는 차량으로 긴 줄이 만들어지게 됐다. 이를 개선하기 위해 톨게이트 진입 시에는 통행표를 받고, 마지막 도착지 톨게이트에서 요금을 계산하는 방식이 도입됐다. 이 역시 고속도로를 이용하는 차량이 많아지면서 크게 도움이 되지 않았다. 통행표를 꺼내기 위해 다시 차량들이 톨게이트 입구에서 대기해야 하기 때문에 어쩔 수 없이 줄이 또 생기기 시작했다. 이를 개선하기 위해 도입된 것이 카드에 전자 칩을 부착해 요금이 자동 징수될 수 있도록 개발한 하이패스(HI pass) 방식이다. 하이패스를 이용하는 차량들은 톨게이트를 그냥 지나칠 수 있으므로 요금을 계산하기 위해 대기할 필요가 없게 됐다.

22 유해한 것은 유익한 것으로 바꿔라

순천만의 갯벌

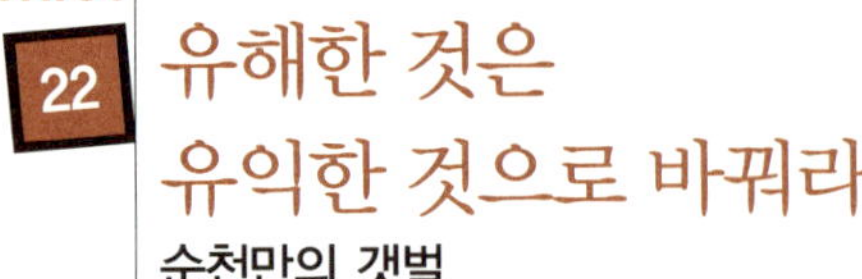

전라남도 순천 시에 있는 순천만(灣)은 도시 한가운데가 갯벌인 만(灣)이다. 인근에 있는 여수항과는 달리 갯벌로 된 만은 항구를 건설할 수 없어 이 지역 농민들은 갯벌을 개간해 농지로 이용했다. 약 800만 평의 갯벌은 점점 농지로 바뀌었지만 갯벌 인근에 민가와 음식점들이 들어서면서 훼손되기 시작했다. 순천 시민들은 그동안 갯펄을 쓸모없는 땅이라 소홀하게 여겨왔으나 점점 황폐해지는 갯펄을 더 이상 볼 수 없어 순천만(灣)을 생태 관광지로 가꾸기 위한 아이디어를 냈다.

순천 시는 갯벌로 유입되는 오염물질들을 정화하고, 훼손된 습지를 복원하는 작업을 진행됐다. 갯벌 인근에 있는 민가와 음식점들을 철거하고, 생태 환경 도시로 가꿔 나갔다. 서서히 바다 생태계가 되살아나고 갯벌에 먹잇감이 풍부해지면서 철새들이 늘어났다. 오랫동안 버려졌던 갯벌이 자연 생태계의 보고로 되살아나자 갈대와 갯벌, 철새들을 보기 위해 관광객이 급증하는 일석이조의 효과까지 얻게 됐다. 순천은 갯벌 때문에 항구를 건설할 수 없어 산업화가 진행되지 못했지만 자연 생태 환경을 복원해 '생태 관광지'라는 새로운 변모를 갖추게 됐다.

유해한 것을 유익한 것으로 바꿔라

바람직한 효과를 얻기 위해 해로운 요소(특히 환경 요소)를 활용한다.

유해한 요소를 결합해 유해함을 제거한다.

유해한 정도를 증가시켜 더 이상 유해하지 않도록 한다.

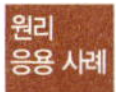

해충을 제거하는 네덜란드 농업

농사를 지을 때 농작물에 유해한 해충을 없애기 위해 사용하는 것이 농약이다. 그러나 농약은 인체에 해롭기 때문에 농약으로 기른 과일을 먹을 때마다 거북한 게 사실이다. 네덜란드는 그럴 걱정이 없다. 네덜란드는 천적을 이용해 해충을 제거하는 천적 농업이 발달해 있다. 천적 농업으로 화학 농약 사용량의 85%를 감축했으며 한 해에 200억 달러의 농산물을 수출하고 있다. 천적 농업은 다양하게 적용할 수 있기 때문에 딸기, 토마토, 고추, 파프리카, 오이, 수박, 참외 등 거의 모든 작물에 효과적이다. 작물마다 특별히 많이 발생하는 해충이 있는데 이 해충을 잡아먹는 천적을 풀어놓음으로써 해충을 제거할 수 있다.

23 피드백을 이용하라
박쥐의 음파 비행

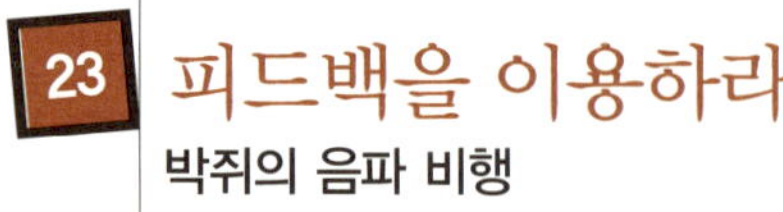

인간은 불빛이 없는 어둠 속에서 거동하는 게 쉽지 않다. 박쥐는 아무 것도 보이지 않는 한밤중에도 하늘을 마음껏 날 수 있다. 박쥐는 높은 음을 내며 울고, 높은 음을 듣고 날아다닌다. 눈이 아니라 귀를 이용해 반사파의 소리를 듣고, 곤충의 위치를 탐지해 사냥한다. 다시 말하면 박쥐는 고주파를 보내고 다시 돌아오는 메아리를 분석해 눈이 아닌 귀로 주위 환경을 보는 것이다. 물체의 크기에 따라 다양한 메아리가 되돌아오면 박쥐는 이 스펙트럼을 이용해 물체를 분석한다. 음파영상장치의 해상도는 물체로 탐지되는 두 개 물체의 최소 거리를 의미하며, 박쥐는 자세한 영상을 만들기 위해 돌아온 음파를 두 가지 방법으로 처리한다. 한 가지는 뇌를 이용해 돌아온 메아리의 타이밍을 측정하고 목표까지의 거리를 결정한다. 다른 한 가지는 뉴런이 3차원 영상을 만들기 위해 메아리의 스펙트럼을 측정하는 능력이다.

피드백을 이용하라

피드백을 받아 반응을 살핀다.

댓글 마케팅

기업은 늘 새로운 제품을 기획하거나 개발하기 전에 시장 변화와 고객 욕구를 파악하기 위해 시장조사를 한다. 물론 시장조사는 체계적이고 깊이 있는 자료를 파악할 수 있으므로 반드시 필요하지만 기획, 조사, 분석에 이르기까지 시간과 비용이 많이 들어 자주 실시하기 어려운 게 현실이다. 그렇다고 마냥 책상 앞에 앉아서 시장조사를 할 수도 없는 노릇이다. 디지털 시대에는 빠르고 간단하게 실시할 수 있는 고객반응조사로 댓글이 이용되고 있다. 인터넷 쇼핑몰에서 사용자의 의견, 사용 후기 댓글을 분석해 고객 의견을 파악하기도 하고, 미리 기획하고 있는 것을 기사화 해서 네티즌들의 댓글로 자사의 기획을 분석하기도 한다. 또 댓글은 기획뿐 아니라 판촉 수단으로도 이용할 수 있어 마케팅의 주요 수단이 되고 있다.

24 중간 매개체를 이용하라
가마우지 낚시

중국에서도 낙후된 지역에 속하는 계림 지방에 사는 순박한 사람들은 아주 먼 옛날부터 가마우지 새를 이용한 낚시를 생업으로 삼고 있다. 가마우지는 검은 잿빛에 날지 못하는 작고 보잘것없는 날개를 가진 새로, 길고 끝이 구부러진 주둥이와 긴 목으로 물고기를 재빠르게 낚아채고 큰 물고기를 쉽게 삼킨다.

　가마우지 낚시란 가마우지의 목 아랫부분을 끈으로 묶어 가마우지가 물고기를 삼키지 못하도록 한 다음 가마우지를 통해 물고기를 잡는 것을 말한다. 가마우지가 물고기 사냥에 성공하면 먹이를 삼키지 못하는 가마우지의 입을 열고 물고기를 꺼낸다. 그렇게 어부가 가마우지를 통해 물고기를 얻게 되면 가마우지 낚시가 성공하는 것이다. 중국 계림 지방의 어부들은 낚시나 그물을 쓰지 않고 가마우지 새를 중간 매체로 이용해 물고기를 잡고 있다.

중간 매개체를 이용하라

작용을 수행하거나 전달하기 위해 매개체를 사용한다.

중간 매개체를 임시로 도입한다.

남자 화장실 파리 그림

남성 화장실은 소변 칸과 대변 칸이 분리돼 있다. 대변기는 별 이상이 없는 반면에 소변기는 쉽게 오염돼서 자주 청소를 해야 한다. 보통 우리나라에서는 이 문제를 해결하기 위해 '화장실 청결하게' '선진 국민은 절대 흘리지 않습니다'와 같은 훈계조의 캠페인을 하며 화장실 사용자에게 청결에 대한 자각을 강조한다. 하지만 네덜란드 암스테르담의 스키폴 공항은 아무런 캠페인도 하지 않는다. 그런데도 소변기 밖으로 튀어나가는 소변량을 80% 정도 줄일 수 있었다. 비결은 남성들이 볼일을 보는 소변기 중앙 하단에 있었다. 거기에 정말 살아 있는 것처럼 보이는 '파리' 한 마리가 그려져 있다. 결국 공항 화장실 사용자들은 소변을 볼 때 파리에 닿지 않게 주의해서 볼 수밖에 없었고, 그것이 오히려 자연스럽게 소변기를 청결하게 만드는 데 도움이 된 것이다. 암스테르담의 스키폴 공항은 파리를 중간 매개체로 이용, 화장실 사용자들의 소변 보는 방식을 바꾸어놓았다.

25 사용자가 하게 하라

노래하는 휴지통

유럽의 한 도시는 주민들이 쓰레기를 함부로 버려 청소 비용이 증가하자 쓰레기를 줄일 수 있는 방법을 고민하기 시작했다. 쓰레기를 줄이자는 캠페인을 벌여도 그때뿐이고 청소부를 증가시키면 비용만 늘어날 뿐 온전한 해결책이 될 수 없었다. 그때 한 공무원이 획기적인 아이디어를 냈다. 쓰레기를 버리는 일을 줄일 수 없다면 쓰레기통에 제대로 버리게 하자는 그의 생각이었다. 그는 쓰레기통에 간단한 장치를 부착해 쓰레기를 통 안에 집어넣으면 노래가 흘러나오도록 고안했다. 주민들은 쓰레기를 버릴 때 쓰레기통 안에서 노래가 흘러나오자 그게 신기하기도 하고, 노래를 듣고 싶어서 쓰레기를 쓰레기통 안에 제대로 집어넣기 시작했다. 또 무심코 쓰레기를 버리는 일도 줄어들어 쓰레기 발생량도 일정 부분 감소시킬 수 있었다.

사용자가 하게 하라

객체나 시스템이 스스로 기능을 완성한다.

저절로 기능을 수행하게 한다.

애플의 앱 스토어(App Store)

2007년 애플이 아이폰(iPhone)을 처음 내놓았을 때 많은 사람들이 호기심을 가졌다. 그러나 호기심이 구매로 이어지는 사례는 많지 않았다. 이에 스티브 잡스는 '스마트폰'의 가치를 높이기 위해서는 다양한 응용 소프트웨어가 있어야 된다고 생각했다. 하지만 애플의 사정상 다양한 종류의 소프트웨어를 개발한다는 것은 현실적으로 어려웠다. 그래서 그가 생각한 것은 고객 스스로 애플리케이션을 개발하게 만드는 것이었다. 애플은 앱 스토어(App Store)라는 곳에서 애플리케이션을 거래할 수 있도록 마켓 플레이스(Market Place)를 만들었다. 고객이 스스로 애플리케이션을 개발해 거래할 것이라고 생각했다.

애플의 예상은 완벽하게 적중했다. 실제로 2009년 앱 스토어가 오픈되자 고객들은 자발적으로 애플리케이션을 개발해 앱 스토어에 올렸고, 아이폰 사용자들은 하나 둘씩 애플리케이션을 구매하기 시작했다. 결국 앱 스토어는 개설 1년만에 15만 건의 애플리케이션이 등록됐고, 약 20억 건의 다운로드가 일어날 정도로 인기를 끌고 있다.

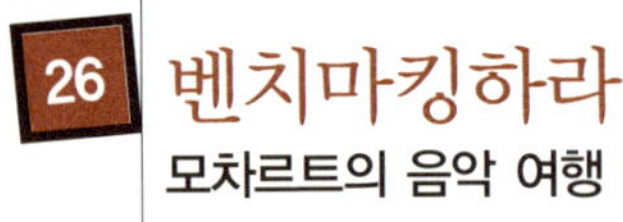

26 벤치마킹하라
모차르트의 음악 여행

모차르트는 오스트리아 찰스부르크에서 태어났다. 궁중 악사였던 그의 아버지는 어릴 때부터 음악에 재능을 보인 모차르트에게 네 살 때부터 피아노를 가르치기 시작했다. 결국 모차르트가 다섯 살 되던 해에 소곡(小曲)을 작곡하는 천재성을 보이자 그의 재능을 궁정에 알리기 위해 여섯 살인 모차르트를 데리고 여행을 시작한다.

뮌헨, 파리, 로마, 런던 등을 여행하며 서유럽을 거의 일주하다시피 한 그는 아름다운 풍경과 화려한 궁전을 보고, 유명한 음악가들을 만났다. 파리에서는 슈베르트, 런던에서는 바흐를 만나 많은 감흥을 받는다. 그 결과 파리에서는 바이올린 소나타를, 런던에서는 최초의 교향곡을 작곡하게 된다. 여행을 통해 새로운 자극을 받고, 음악 대가들의 작품들을 벤치마킹해 새로운 작곡을 하게 된 것이다. 모차르트는 파리를 여행할 때 우연히 '아 어머니께 말씀 드리죠'라는 곡을 듣게 됐는데 그는 이 곡의 멜로디가 마음에 들어 '피아노를 위한 12개의 변주곡'으로 작곡했다. 이 피아노 변주곡이 '작은별'이다. 이처럼 모차르트는 유럽 각지를 여행하며 새로운 영감을 받았고, 그 경험으로 터키 행진곡과 페르샤 풍의 음악도 작곡할 수 있었다.

벤치마킹하라

비싼 객체 대신 간단하고 값싼 복제품을 사용한다.

잘 보이지 않는 것을 가시적인 것으로 대체한다.

이미 가시적이라면 다른 감각적인 방법을 이용한다.

허공에 떠 있는 마그리트의 섬, 〈아바타〉

2009년에 개봉된 영화 〈아바타〉는 전 세계의 모든 영화 흥행 기록을 갈아치우며 대성공했다. 〈아바타〉의 흥행 요인은 3D 기술과 탄탄한 스토리 구조이며, 영화에서 가장 눈길을 끌었던 장면은 나비족이 사는 판도라 행성에서 벌어지는 전투 장면이다. 특이하게도 나비족들의 전투 장면들은 대부분 허공에 떠 있는 섬을 중심으로 벌어진다. 신비하게 허공에 떠 있는 섬의 모습은 르네 마그리트의 그림을 모티프로 한 것이다. 초현실주의 화가인 르네 마그리트의 그림 중 '피레네의 성'이라는 작품이 있다. 이 그림은 거대한 섬이 허공에 떠 있는데 그 위에 성(城)이 있다. 제임스 카메론 감독은 피레네의 성을 벤치마킹해 〈아바타〉와 같은 훌륭한 영화를 만들어냈다.

27 값싼 방법을 고안하라
자동차 렌트 회사

1900년대 초, 미국의 포드자동차는 일반 직장인들도 구매가 가능한 자동차를 만들겠다는 목표로 '모델 T'를 생산했다. 그 이후로 자동차 가격이 점차 내려가 이용자가 늘었으나 여전히 대중에게 자동차는 접근이 어려운 교통수단이었다. 1918년, 월터 제이콥스(Walter Jacobs)는 새로운 자동차 사업을 시작했다. 시카고에서 포드 자동차 12대를 가지고 자동차 대여 사업을 시작한 것이다. 아무리 가격이 내려가도 자동차를 구매하기 어려웠던 사람들은 값싸게 차를 임대할 수 있는 렌트(Rent) 방식에 매력을 느꼈고, 점차 그 수요가 늘어났다. 1923년엔 시카고택시회사의 사장인 존 허츠(John Hertz)가 이 회사를 인수해 '허츠 드라이브 셀프 시스템'으로 이름을 바꿨고, 1926년에 다시 제너럴 모터스(GM)가 회사를 인수해 자사의 차량 수요를 늘리는 데 적극 활용했다. 현재 허츠는 미국 내에 1,900개 지점, 전 세계에는 약 145개국에 7,600개의 영업소를 가지고 있다.

값싼 방법을 고안하라

값싸고 수명이 짧은 1회용으로 바꾼다.

소유를 임대 방식으로 바꾼다.

대여 정수기와 장기 임대 아파트

웅진코웨이는 고가의 정수기를 판매했으나 정수기에 대한 인식 부족과 가격 부담으로 판매가 부진했다. 사업 초기에 사람들은 정수기가 반드시 필요하다고 생각하지 않았기 때문에 몇 십만 원이나 하는 정수기를 선뜻 구입하려 하지 않았다. 창고에 이미 생산된 제품이 쌓여가자 웅진코웨이는 지금의 임대 방식을 고안했다. 정수기를 임대하고, 매월 몇 만 원을 내면 필터 청소와 관리 서비스를 해주는 방식이다. 판매 방식을 바꾸면서 정수기 수요가 크게 늘었다. 또 하나는 아파트 사례다. 아파트는 무주택자에게는 '내 집 마련의 꿈'이지만 높은 가격 때문에 샐러리맨에게는 꿈에 불과했다. 아무 재산이 없는 사람이 월급으로 서울에 아파트를 산다는 것은 거의 불가능에 가깝다. 이에 서울시는 '평생 소유 개념'의 아파트를 '30년 장기 임대' 방식으로 바꿔 임대료만으로 장기 거주할 수 있도록 했다.

28 비유를 들어 예시하라
코끼리의 비유와 예시

코끼리는 하루에 먹는 식물의 양이 225kg에 달하며 무려 100ℓ의 물을 마시기도 한다. 코끼리는 10~30마리가 무리를 이뤄 물을 찾기 위해 상당히 먼 거리를 이동하는데 우두머리인 암컷 코끼리가 이 여행에서 결정적인 역할을 한다. 우두머리 암컷 코끼리는 지형에 대한 지식과 기억력을 총동원해 물이 있는 곳의 위치를 알아내기 때문에 무리의 생존이 우두머리 암컷 코끼리의 물 찾는 능력에 달려 있다고 해도 과언이 아니다. 또 코끼리들은 무리가 이동할 때 저주파로 의사소통을 하며 무리의 대형이 흐트러지지 않게 한다. 하지만 어린 코끼리들이 무리에서 이탈하는 경우가 간혹 생기는데 이때 어미 코끼리가 콧등으로 세게 어린 코끼리의 등이나 엉덩이를 툭툭 치면서 위험 신호를 보낸다. 어미 코끼리는 비유와 예시를 통해 어린 코끼리에게 위험을 알린다.

───── 다양한 비유를 예시하라

기계적 장치를 광학, 음향, 오감 감각으로 대처한다.

다른 장(전기장, 자기장)을 이용해 객체와 상호 작용한다.

───── 커피 향 가득한 커피숍

빵집 앞을 지날 때 빵 굽는 냄새가 나면 부쩍 식욕이 당겨 자신도 모르게 빵집 안으로 들어가게 될 확률이 높다. 이처럼 냄새는 사람을 강하게 자극하는 역할을 한다. 지금은 커피 전문점에 가면 커피 냄새를 맡을 수 있지만 70~80년대에 커피를 팔던 다방(茶房)은 좀 달랐다. 당시의 다방은 거의 지하에 많이 있었고 담배 냄새가 진동해 커피 냄새를 맡을 수 없었다. 2000년에 들어서면서 스타벅스를 필두로 건물 1층에 커피숍이 들어서기 시작했고, 커피숍 문을 열고 들어서면 진한 커피 향기를 맡을 수 있다. 커피 마니아들에게 커피 향기는 커피를 마시고 싶은 욕구를 자극할 뿐 아니라 고급 커피를 선택하는 데도 중요한 영향을 미친다. 커피숍에 커피 향기가 가득하도록 흡연자를 사양하거나 흡연실을 따로 분리하기도 한다.

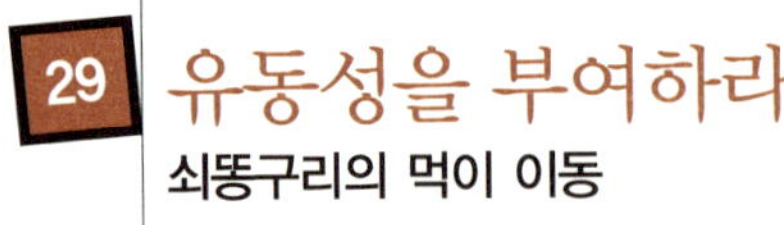

29 유동성을 부여하라
쇠똥구리의 먹이 이동

쇠똥구리들은 자신이 담당하는 동물 주변 나무에서 머물다 배설물이 땅에 떨어지기 무섭게 냄새를 맡고 출동한다. 쇠똥구리들은 자기 몸무게의 50배가 넘는 배설물을 어떤 방법으로 이동시킬까? 사람으로 따지면 몸무게 50kg의 여성이 무려 2.5t의 물건을 움직이는 것과 같다. 쇠똥구리는 무거운 배설물을 이동하기 위해 배설물을 경단으로 만들어 굴려서 이동한다. 쇠똥구리가 자기 몸집의 50배가 넘는 물체를 옮길 수 있는 이유는 단단한 것을 깎아 원형으로 만들어 유동성을 부여했기 때문이다.

유동성을 부여하라

단단한 것을 유동적인 것으로 바꾼다.

소프트웨어 기능을 부가한다.

수륙양용 관광버스

오사카와 싱가포르에는 수륙양용 관광버스가 있다. 싱가포르의 '덕 투어(Duck tour)'는 수륙양용 버스에 오리 모양의 그림을 그려넣은 관광버스로 30~40명의 승객을 싣고 관광하는 용도로 쓰인다. 도심을 출발해 싱가포르 강에 진입한 뒤 해안 쪽을 경유해서 다시 도심으로 돌아오는 코스로 운행 시간은 50분 정도다. 이처럼 싱가포르는 유동성을 부여한 수륙양용 버스를 통해 시원하게 강을 달리며 수많은 관광객들에게 즐거움을 선사하고 있다.

30 보조 수단을 강구하라
소스트라투스의 등대

2300년 전 마케도니아의 알렉산더 대왕은 이집트와 페르시아를 정복하고, 그의 이름을 딴 알렉산드리아 왕국을 건설한다. 그는 정복지마다 70여 개의 알렉산드리아를 세우지만 그 중 이집트의 나일강 하구에 세운 알렉산드리아가 가장 중심적인 역할을 한다. 그가 33세의 나이에 갑자기 죽자 부장(部將)이었던 프톨레마이오스(Ptolemaeos)는 이집트에 있는 알렉산드리아로 건너가 프롤레마이오스 왕조를 건설했다. 알렉산드리아가 동서 문화의 교류지로 번창한 나라가 되자 프롤레마이오스 왕은 자신의 권위를 상징하는 거대한 등대를 건설하기 위해 당대 최고의 건축가인 소스트라투스(Sostratus)에게 등대 건축을 맡겼다.

소스트라투스는 135m의 3개 층계로 된 세계 최초의 등대를 설계했다. 소스트라투스는 등대에 자신의 이름을 남기고 싶었으나 왕은 '프롤레마이오스'라는 이름을 새기도록 명령했다. 일단 소스트라투스는 등대 상단의 대리석에 자신의 이름을 새겼다. 그리고 그 위에 석회석을 바른 다음 석회석에는 왕의 이름을 새겼다. 바닷가에 있는 등대는 오랜 풍화 작용으로 석회석을 깎아냈고, 몇 십 년이 지나니 왕의 이름은 사라지고 대리석에 새긴 소스트라투스의 이름이 나타났다. 그는 석회석이라는 보조 물질을 이용해 자신의 이름이 등대에 남도록 한 것이다.

원리

보조 수단을 강구하라

통상적인 구조물을 유연한 막이나 얇은 필름으로 바꾼다.

유연한 막이나 얇은 필름을 이용해 물체를 외부 환경과 격리한다.

원리
응용 사례

삼각김밥

김밥은 일본과 한국 사람들 모두 간편하게 즐겨 먹는 식품이다. 일단 간편하게 먹을 수 있고 맛도 좋아서 모두 좋아하는 음식이지만 김이 습기에 약해 김밥을 만들고 나서 한두 시간 이내에 먹지 않으면 눅눅해진다는 단점이 있다. 편의점들은 김밥을 판매하고 싶었지만 보관상의 문제로 김밥 판매를 보류했다. 그러다 보관이 가능한 김밥을 만들기 위해 연구를 거듭하던 중에 습기가 있는 밥과 건조한 김을 분리할 수 있는 방법을 찾아냈다. 밥과 김 사이에 보조 수단인 셀로판 필름을 넣어서 습기를 차단하는 방식으로 만든 것이 우리가 편의점에서 쉽게 구입할 수 있는 삼각김밥이다.

31 단순화, 가볍게 하라
물수리의 성공적인 사냥

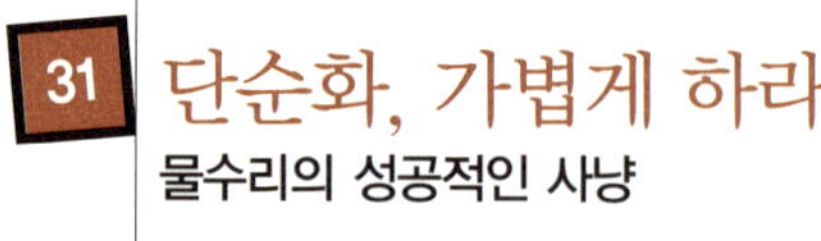

독수리와 물수리는 생김새는 비슷하지만 사냥 습성은 완전히 다르다. 독수리는 동물이나 어류의 죽은 사체를 먹이로 하지만 물수리는 살아 있는 물고기를 사냥해서 먹는다. 물수리의 생김새는 부리가 길고 갈고리 모양이며, 발도 길고 발가락도 크고 날카롭다. 바깥쪽 발가락을 마음대로 뒤로 움직일 수 있고 발바닥은 까칠까칠한 돌기가 있어서 물고기를 한 번 움켜쥐면 빠져나갈 수 없게 만든다. 물수리는 숭어나 잉어 같이 큰 물고기를 좋아하는데 바다와 강이 만나는 하구 지역의 얕은 물에 숭어가 헤엄치면 이를 하늘에서 보고 있다가 빠른 속도로 돌진해 날카로운 발로 낚아채는 방식으로 사냥을 한다.

물수리의 사냥 포인트는 두 가지 방법이 있는데 하나는 날카로운 발톱이고 다른 하나는 가벼운 무게를 이용한 사냥이다. 물수리가 하늘에서 숭어를 향해 돌진할 때 가장 중요한 사냥 포인트는 물속으로 들어간 후 물에서 재빠르게 빠져 나오는 것이다. 물에서 빨리 나오지 못하면 체중이 가벼워야 하는 물수리에게는 치명적이다. 가벼운 몸무게에 강력한 날개의 힘으로 하늘로 날아 올라야 하기 때문이다. 결국 물수리는 자신의 사냥을 단순화하고, 스스로 몸을 가볍게 만들어야 성공적인 사냥을 할 수 있는 것이다.

———— 단순화, 가볍게 하라

물체를 다공성(多孔性) 재료로 만든다.

기능을 단순화해 무게를 줄인다.

———— 초경량 등산용 다운 재킷

산을 오르다 보면 평지의 온도와 산 정상의 온도가 많이 차이가 난다는 걸 알 수 있다. 그래서 산에 오르는 사람들은 각종 장비와 의류를 배낭에 메고 오른다. 그렇다고 원하는 모든 것을 메고 등산을 할 수는 없다. 제한된 배낭의 크기 때문에 이것저것 넣다 보면 가능한 한 크기가 작고 가벼운 것을 선택하거나 급하게 필요하지 않는 건 빼게 된다. 하지만 반드시 가져가야 할 것이 급작스런 기온 변화에 대비할 수 있는 다운 재킷이다. 다운 재킷을 배낭에 넣으려면 큰 부피 때문에 등산을 좋아하는 사람들에겐 여간 골칫거리가 아니었다. 최근에 개발된 초경량 다운 재킷은 거위털을 900필 파워(복원력, 숫자가 높을수록 보온력이 좋음)로 중량을 140g 정도로 가볍게 만들었다. 그보다 더 놀라운 건 다운 재킷을 접으면 부피가 500ml 크기로 줄어들어 간편하게 가방에 넣어 다닐 수 있다는 것이다.

32 기술로 다시 보라

올빼미의 눈

올빼미는 국내의 평지나 숲에서 사는 텃새다. 낮에는 나뭇가지에 앉아서 움직이지 않다가 주로 밤에 활동한다. 올빼미의 가장 두드러진 부분은 눈이다. 눈의 무게가 몸무게의 1~5% 정도를 차지할 정도로 크다. 그리고 다른 새와는 달리 두 눈이 앞면을 향하고 있는데 올빼미는 넓은 두 눈으로 동시에 사물을 바라볼 수 있는 양안시를 가졌다. 올빼미의 양안시의 각도는 70°(사람은 110°) 정도다. 흔히 사람들은 올빼미가 밤에 활동하기 때문에 낮에는 사물을 잘 못 보고 밤에만 잘 보이는 눈을 가진 것으로 생각하지만 잘못된 생각이다. 올빼미는 빛에 따라 동공을 조절하기 때문에 낮과 밤 모두 잘 볼 수 있다. 단지 눈이 커서 빛이 적은 밤에도 잘 볼 수 있는 것이다. 올빼미는 커다란 눈과 순막뿐 아니라 동공을 조절하는 능력이 있어 밤에도 사물을 잘 볼 수 있다.

———— 기술로 다시 보라

물체나 환경의 색을 변화시킨다.

색깔 등 광학적 성질을 변화시킨다.

기술을 이용해 성질을 변화시킨다.

———— 자동차 내비게이션

자가 운전자가 많아지고, 도로 사정이 빈번하게 바뀌다 보니 가끔 운전하면서 지도를 봐야 할 일이 생기곤 한다. 특히 모르는 길을 찾아가야 하는 길치라면 곤혹스러운 일이 아닐 수 없다. 운전자가 운전 중에 지도를 보는 것은 위험한 일이므로 지도를 대신하는 내비게이션수요가 크게 늘고 있다. 내비게이션은 운전자가 원하는 목적지로 가는 도로와 건물을 쉽게 검색해주고, 화면뿐 아니라 음성 서비스를 제공함으로써 차량 필수품으로 장착되고 있다. 내비게이션은 지도라는 아날로그 그래픽을 디지털 기술로 바꿈으로써 새로운 시장을 만들어 냈다.

33 본질을 고수하라
바이올린 협주곡에 담긴 본질

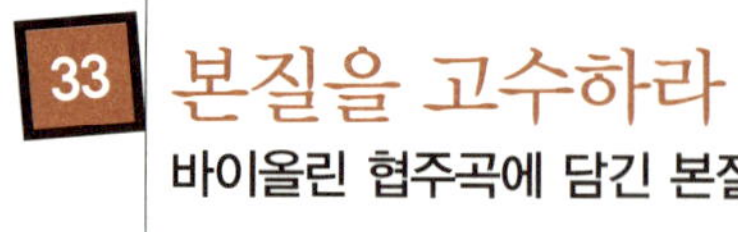

표트르 차이코프스키는 러시아 상트 페테르부르크 법률학교를 졸업하고 관리가 됐다가, 1860년 안톤 루빈스타인이 주재한 음악교실을 졸업한 뒤 모스크바 음악원 교관이 된다. 1977년부터는 갑부인 폰 메크 부인 후원으로 창작에만 전념해 '바이올린 협주곡'을 작곡했다. 과감한 선율을 사용해 뛰어난 연주 실력이 요구되는 이 곡은 당대 최고의 바이올리니스트에게 헌정했으나 연주 불가로 헌정을 거부당했다. 3년 후 다른 바이올리니스트가 이 곡을 초연했으나 평론가들은 혹평 일색이었다. 이쯤 되자 차이코프스키의 후원자마저 그를 대하는 태도가 부정적이었으나 그는 후원자를 설득해 새로운 연주자를 찾는다. 몇 년이 지난 어느 날, 연주 기술이 뛰어난 하이페츠가 드디어 차이코프스키의 바이올린 협주곡을 연주하게 됐다. 하이페츠의 뛰어난 연주로 바이올린 협주곡은 세계인들의 큰 사랑을 받았다. 그동안 차이코프스키는 음악평론가들의 개작 요구에 시달렸고, 후원자마저 등을 돌릴 뻔한 위기가 있었지만 본질을 고수하는 태도를 유지했기 때문에 최고의 바이올린 협주곡을 지켜낼 수 있었다.

본질을 고수하라

기왕이면 같은 재료를 이용한다.

상호 작용하는 객체를 비슷한 재질로 만든다.

본래의 성질을 강화한다.

경포호의 습지 복원

강원도 강릉시는 여름철 해수욕장으로 유명하다. 특별한 산업이 없는 강릉은 관광 산업이 큰 역할을 해야 하지만 관광객이 여름철에만 편중돼 있기 때문에 고민이 많았다. 강릉시는 날이 추워지면 관광객이 거의 찾아오지 않는 분제점을 개선하기 위해 여러 가지 방안을 찾았다. 경포호는 바다와 연결된 연안 호수로 새들이 많이 서식하는 곳이다. 불과 50~60년 전만 하더라도 경포호 습지였으나 농지로 전환돼 벼농사를 짓고 있는 상태였다.

지금 강릉시(市)에서는 경포호 상류 지역의 80만 평의 논을 구입해 다시 습지로 되돌리는 일을 진행하고 있다. 습지가 조금씩 늘어나자 수많은 철새들이 다시 몰려와 철새의 낙원이 됐다. 다시 바뀐 경포호를 찾는 관광객들의 발길이 끊이지 않고 있다. 강릉시는 자연 본래의 모습을 되살려 새로운 관광자원을 만들었다.

34 버리거나 다시 써라
인류의 대체에너지, 풍력 발전

전 세계가 지속적인 산업 발전으로 에너지에 대한 수요는 늘고 있지만 석유 자원은 고갈되고 있어서 대체에너지 자원의 개발이 활발하게 이뤄지고 있다. 그 중 풍력은 석유 자원의 대체에너지로 가장 강력하게 부상하고 있다. 풍력 발전기는 바람이 지니고 있는 에너지를 우리가 유용하게 사용할 수 있는 전기에너지로 바꿔주는 장치다. 바람을 통해 풍력 발전기의 날개가 회전하면 이때 생긴 날개의 회전력을 통해 전기가 생산돼 그 에너지를 우리가 사용하게 되는 것이다. 과거엔 풍력발전기 설치에 비용이 많이 들어갔으나 최근엔 기술의 발달로 점차 가격이 내려가고 있는 상황이다. 풍력발전기 단가가 20년 전에 비해 90% 이상 내려갔기 때문에 경제성이 충분하다. 만약 우리가 풍력 발전이라는 대체에너지를 생각해내지 못했다면 바람은 그냥 우리를 스쳐 지나가는 자연 현상에 불과했을 것이다. 그냥 버려질 수도 있는 바람에서 우리는 석유를 대체할 수 있는 에너지를 얻을 수 있게 됐다.

버리거나 다시 써라

기능을 완수하고 필요 없게 되면 폐기하거나 변형한다.
낭비 요소를 제거한다.

태양광으로 충전하는 휴대전화

휴대전화는 현대인의 필수품으로 그 중요성이 더욱 커졌지만 배터리를 충전해야 한다는 단점이 있다. 누구나 휴대전화를 충전하는 타이밍을 놓쳐 통화에 어려움을 겪은 경험이 있을 것이다. 이런 불편을 해소하기 위해 태양광으로 휴대전화를 충전하는 아이디어가 나타났다. 예전 같으면 꿈 같은 이야기지만 이미 삼성전자에서 출시한 제품이다. '블루 어스(Blue Earth)'라는 휴대전화는 뒷면에 태양광 패널을 장착해 언제 어디서든 태양광으로 배터리를 충전할 수 있다. 지금은 유럽시장에 진출해 있지만 태양광은 충분하나 전력 사정이 좋지 않는 중동, 아프리카, 서남아시아 시장 개척에 좋은 제품으로 평가받고 있다.

35 속성을 변화시켜라
표범의 털갈이

표범은 보통 단독 생활을 하며 낮에는 숲 속이나 나무 그늘에서 쉬고 밤이면 일정한 행동반경을 돌아다니며 사냥한다. 몸이 유연하고 민첩하기 때문에 몰래 다가가는 것보다 잽싸게 덮쳐서 사냥감을 쓰러뜨린다. 또 표범은 힘이 세서 덩치가 큰 사슴이나 소, 몸집이 다소 작은 원숭이나 개 등도 사냥한다. 표범은 사슴이나 소를 사냥할 땐 최대한 가까이 가서 공격해야 하기 때문에 뛰어난 위장술을 가지고 있다. 여름철에는 풀 속에 숨기 좋게 털색이 약간 푸른 빛을 띠고, 풀이 마르는 가을철에는 갈색으로 털갈이를 하며 위장한다. 한자로 표변(豹變)이라는 단어는 위장술을 부리는 표범(豹)의 변화를 뜻하는 말에서 유래됐다. 표범은 위장을 위해 자신의 본질을 바꾸지는 않지만 '털'이라는 일부의 속성만으로도 계절에 맞게 자신의 모습을 위장하고 있다.

속성을 변화시켜라

시스템의 물리적 상태를 변화시킨다.

농도나 밀도를 변화시킨다.

유연성의 정도를 변화시킨다.

결코 시들지 않는 꽃, 조화(造花)

아름다운 꽃은 보기에도 좋고, 향기도 좋아 장식용으로 널리 쓰인다. 아무리 아름다운 꽃이라 해도 시간이 지나면 이내 시들어 자주 교체해야 하는 불편함이 있다. 이에 홍콩의 리카싱(李嘉誠)은 '어떻게 하면 꽃의 아름다움을 오래 감상할 수 있을까?'를 생각하면서 오랜 시간 시들지 않는 꽃을 감상할 수 있는 방법을 찾았다. 리카싱은 플라스틱으로 시들지 않는 조화(造花)를 만들었다. 가격을 낮추고 아름다움을 유지하기 위해 이탈리아에서 기술과 디자인을 배웠고, 중국에서 생산함으로써 가격과 아름다움이란 두 마리의 토끼를 잡을 수 있었다. 현재 플라스틱 조화는 꽃의 본질인 아름다움을 간직하면서도 시들지 않는다는 장점 때문에 세계 각국에서 널리 쓰이고 있다.

36 전체의 본질을 바꿔라
함평에 날아든 나비

전라남도 함평군은 광주와 목포 사이에 있는 전형적인 농촌이다. 대도시와 거리가 먼 지리적 환경 때문에 산업화가 늦어 농업 이외에 마땅한 소득 산업이 없었다. 함평 군수는 오지와 다름없는 함평군의 새로운 산업으로 관광산업을 구상하고 함평이 자랑할 만한 볼거리를 찾았다. 산업 개발이 늦은 함평의 조건을 역이용해 청정 환경이 보전된 함평에 나비를 불러 모으기로 결정했다. 버려진 땅에 꽃씨를 뿌려 꽃밭을 만들고, 나비를 부화시켜 함평 전 지역에서 나비가 날아다니게 만들었다. 꽃이 만발한 청정 지역에서 수많은 나비가 날아다니니 그 모습이 장관이었다. 이때 함평군은 나비 축제를 개최했다. 조상 대대로 농사만 지어왔던 땅이 나비 관광지로 바뀌고, 현재는 연간 500만 명의 관광객이 함평의 나비 축제를 찾고 있을 정도로 큰 인기를 끌고 있다. 함평 나비 축제는 농업 지역을 관광 지역으로, 전체의 본질을 바꿔 성공한 사례다.

———— 전체의 본질을 바꿔라

부피와 형태를 바꿔라.

고체나 액체를 기체나 플래즈마로 바꾼다.

———— 전기로 가는 자동차

석유를 에너지로 이용하는 자동차는 현대인의 필수품이다. 하지만 석유 자원은 한정돼 있어 날이 갈수록 기름값은 상승하고 있어서 수십 년 전부터 대체에너지 자원 개발이 절실했다. 대체에너지 자원으로 가장 유망한 것은 전기 배터리를 이용하는 방법인데 현재 전기에너지를 이용한 자동차들이 속속 개발되면서 상용화 과정에 있다. 전기 배터리는 액체 에너지원인 기름을 플래즈마 형태로 바꿔서 에너지원으로 사용하는 것인데 이 역시 전체의 본질을 바꾼 경우에 해당된다.

 37 요인을 팽창 수축시켜라

민들레홀씨의 영토 번식

민들레는 햇빛만 잘 들면 어디에서든 잘 자라는 번식력이 강한 식물이다. 누가 지나가면서 민들레 싹을 뽑아도, 발로 밟아도, 남은 뿌리에서 다시 민들레가 자랄 정도로 생존력이 강하다. 민들레 꽃은 4~5월에 노란색으로 피고 잎과 길이가 비슷한 꽃대 끝에 두상화(頭狀花 꽃대 끝에 꽃자루가 없는 작은 꽃이 많이 피어 머리 모양을 이룬 꽃)가 한 개 달린다. 꽃대에는 흰색 털이 있으나 점점 없어지고 두상화 밑에 털이 남는다. 마침내 민들레 꽃은 수 천 개의 홀씨로 팽창해 바람에 날려서 아주 먼 곳까지 날아가고 홀씨가 내려앉은 자리에서 다시 싹이 나와 자신의 영토를 넓힌다.

 요인을 팽창 수축시켜라

유용한 효과를 얻기 위해 요소 간의 관계 변화를 키워라.

효과가 있는 부분은 팽창 정도를 높여라.

 미니홈피의 네트워크화

인터넷의 속도가 빨라지고, PC 성능이 좋아지면서 이전에 없던 다양한 형태의 웹사이트가 출현했다. 그 중 가장 인기 있는 것 중 하나가 개인용 미니홈피를 쉽게 제작할 수 있게 만든 '싸이월드(Cyworld)'의 출현이다. 싸이월드는 개인용 미니홈피를 제작하는 툴을 제공하고 이를 네트워크로 연결할 수 있게 함으로써 자신의 개인 미니홈피를 널리 알릴 수 있도록 했다. 미니홈피를 이용하는 고객들은 기호에 따라 사진과 그래픽, 음악을 이용해 자신의 스타일에 맞는 미니홈피를 제작하고, 랜덤으로 방문하거나 일촌 등을 맺으며 자신의 미니홈피를 다른 사람에게 알린다. 고객의 호응 덕분에 싸이월드의 입장에서는 가만히 있어도 웹사이트가 홍보되고, 이용자 수가 급격하게 늘어났다.

38 자극하라
타조알의 부화

타조는 지상에서 가장 큰 새로 수컷 한 마리가 암컷 3~5마리를 거느린다. 알을 품는 일은 주로 수컷이 하고, 기간은 40~42일 정도다. 타조알의 크기는 핸드볼보다 약간 작지만 단단해서 망치로 깨야 할 정도다. 그렇다면 연약한 타조 새끼들은 어떻게 이 단단한 껍질을 뚫고 나올 수 있는 걸까? 새끼들의 부리에 답이 있다. 타조의 새끼들은 부리의 끝부분에 석회질을 녹일 수 있는 특수물질이 분비돼 아무리 알 껍질이 단단해도 대부분 껍질을 깨고 나온다. 하지만 어디에서나 그렇듯 소수의 타조 새끼들은 껍질을 깨지 못하고 안에서 바둥거리게 된다. 껍질을 깨지 못하는 타조 새끼는 안에서 죽게 되므로 어미 입장에서는 위험한 상황이 아닐 수 없다. 이때 타조 어미는 본능적으로 새끼가 알을 깨고 나와야 하는 시점을 알 수 있으며, 적당한 시간이 지났음에도 알을 깨고 나오지 못하는 새끼가 있다면 나오기 쉽도록 밖에서 부리로 알을 톡톡 쳐준다. 그렇게 알 안에서 새끼가 쪼고 밖에서는 어미가 쪼아주면 껍질이 깨져서 세상 밖으로 나오게 된다. 이처럼 가만히 앉아 기다리지 않고, 끊임없이 밖에서 자극을 주면 그 자극을 통해 새로운 생명이 탄생할 수 있다.

자극하라

일반 환경에서 활성화 요소를 추가한다.

일반 환경을 활성화된 환경으로 바꾼다.

구글의 캠퍼스 같은 분위기

스탠퍼드 대학에서 박사 과정을 이수하던 페이지와 브린은 박사 논문을 준비하다가 서치 엔진을 개발하게 됐다. 이 엔진을 기반으로 페이지와 브린은 세계 최대의 미국 인터넷 검색 엔진 회사인 '구글'을 만들었다. 그들은 학생 신분에서 회사를 차렸기 때문에 늘 새로운 아이디어는 대학 캠퍼스처럼 자유로운 분위기에서 나온다고 생각했다. 구글은 보통 직장과는 전혀 다르다. 회사는 마치 대학 캠퍼스와 같아서 마음만 먹으면 누구든지 사무 공간을 자유롭게 꾸밀 수 있고, 근무 중에도 운동하거나 휴식을 취할 수 있다. 누구와도 편하게 대화할 수 있도록 직장 분위기를 자유롭게 만들었기 때문에 직원들의 창의력을 자극하며 구글이 발전에 발전을 거듭하고 있는 것이다.

39 안정시켜라
다보스에서 3일을!

매년 1월, 스위스 다보스에서는 세계경영포럼 연차 총회가 개최된다. 세계 각국의 정계, 관계, 재계의 수뇌들이 다보스에 모여 각종 정보를 교환하고 세계 경제 발전 방안에 대해 논의한다. 공식적으로 정해진 의제는 없으며 참가자의 관심 분야에 따라 자유롭게 의견 교환이 이뤄진다. 민간 재단이 주최하는 회의지만 세계 각국에서 총리, 장관, 대기업의 최고 경영자 등 2,000여 명이 참가해 약 1주일 동안 폭 넓은 분야에서 토론을 펼친다.

　다보스에서는 세계경영포럼 이외에도 마이크로소프트 개발회의가 10월마다 열린다. 이처럼 다보스는 매월 세계적인 포럼이나 회의를 개최하고 있는데 호텔은 3일 이상의 예약만 접수한다. 이는 고객을 오래 머물게 하기 위한 상술이 아니라 비즈니스 휴양지에서 3일 이상 체류하면서 안정적인 분위기에서 회의하거나 토론할 수 있도록 배려하기 위함이다. 실제로 세계경영포럼은 일주일 동안 진행되며 다보스에서 진행되는 많은 포럼과 회의는 다른 곳보다 회의 진행과 일정이 길게 잡혀 있어서 참가자들이 안정적인 상태에서 포럼에 임할 수 있다.

______ 안정시켜라

현재 환경을 불활성 환경으로 바꾼다.

객체에서 중성화 물질을 도입한다.

______ 포스코의 창의공간

포항제철은 한국의 경제사에서 빼놓을 수 없을 만큼 많은 한국 사회에 많은 기여를 한 회사다. 그런 포항제철이 21세기 들어 변화를 꾀하기 시작했다. 일단 포항제철은 그간 강인하고 딱딱한 회사 이미지였던 회사 이름을 포스코(Posco)로 바꿨다. 경직된 기업 문화를 유연하고 창의적인 분위기로 바꾸기 위해 본사 사옥에 창의적인 공간을 만들었다. 이곳에서 포스코 직원들의 창의력이 길러지는데 '포레카'라고 불리는 350평 정도의 넓은 공간에서 직원들은 놀고, 휴식을 취하면서 창의적인 예술 활동을 한다. 직원들은 꽉 짜인 일과 속에서 잠시 안정적인 분위기에서 놀고, 생각하고, 예술 활동을 하면서 발상을 바꾸고 창의력을 충전한다.

40 융합시켜라
베토벤의 융합 열정

베토벤은 새벽 5시면 일어나서 작곡을 시작했다. 그만큼 음악에 열정적이었다. 5번 교향곡을 작곡하고 나서는 귀가 거의 들리지 않자 보청기에 의존하며 살았다. 그러나 보청기의 도움을 얻을 수 있었던 것도 잠시였다. 7번 교향곡을 작곡할 때는 완전히 귀가 들리지 않았다. 대부분의 사람들은 귀가 들리지 않으면 음악을 포기하지만 베토벤은 귀가 들리지 않게 되자 피아노 다리를 잘라 마룻바닥에 놓고 음의 진동을 느끼며 작곡할 정도로 열정적인 작업을 계속했다. 그가 들을 수 없음에도 음악적인 열정을 불태울 수 있었던 요인은 이것과 저것을 융합할 수 있는 능력을 가지고 있었기 때문이다. 그의 9번 교향곡은 독일의 시인 프리드리히 실러의 '환희의 송가(An die Freude)' 가사에 합창을 붙인 교향곡으로 '네 사람의 독창과 대합창곡이 융합된 최초의 교향곡'이었다. 이 작품은 베토벤의 작품들은 물론 서양 고전음악 전체에서 가장 뛰어난 작품으로 평가받고 있으며 현재 유네스코 세계기록유산으로 지정돼 있다.

동질성의 재료를 복합 재료로 바꾼다.

여러 요소를 융합시킨다.

아날로그와 디지털을 융합시킨다.

어린아이를 키우는 집이라면 〈뽀로로〉라는 브랜드를 모르는 사람은 없을 것이다. 어린이용 3D 애니메이션 〈뽀로로〉를 개발한 아이코닉스(Iconix) 최종일 대표는 자신의 어린아이가 놀고 있는 모습을 보면서 〈뽀로로〉 아이디어를 얻었다고 한다. 그는 3~5세 아이늘을 위한 애니메이션이나 캐릭터가 없다는 점에 착안해 아이들을 위한 애니메이션을 만들기로 했다. 캐릭터 조사를 통해 토끼, 쥐, 거북이 등은 이미 널리 이용되고 있었지만 펭귄은 없었다는 걸 알고 펭귄 캐릭터의 이름을 '뽀로로'라 정하고 스토리를 개발했다. 사람들은 〈뽀로로〉가 캐릭터로 시장을 점령한 것으로 생각하지만 사실 〈뽀로로〉는 캐릭터가 아니라 영상이 담긴 스토리로 시장을 노크했다. 이 스토리는 남극 펭귄과 북극곰, 사막 여우가 한 동네에 살면서 벌어지는 재미있는 이야기다. 아날로그 형태의 재미있는 스토리 라인을 3D 그래픽 기술에 융합해 재미를 배가시켰다. 〈뽀로로〉 3D 애니메이션이 성공하자 〈뽀로로〉에 등장하는 캐릭터 상품이 추가로 개발되면서 아이들에게 가장 사랑받는 캐릭터가 될 수 있었다.

스티브 잡스처럼
그러나 때론
헤밍웨이처럼

인적이 드문 어느 읍내 한복판이었다. 늙은 의사 한 명이 나타나 자신이 조제한 어떤 액체와 조제 비법을 담은 설명서를 팔기 위해 약국으로 들어가 젊은 주인과 흥정을 했다. 그들의 대화는 긴 시간 동안 이어졌다. 열띤 대화를 마친 의사는 마차로 돌아가 낡고 큰 주전자와 메모지 하나를 가지고 다시 돌아왔다. 약국 주인은 주전자 안의 내용물을 확인하고는 안주머니에서 지폐 뭉치를 꺼내 의사에게 건네주었다. 젊은 주인의 전 재산인 그 지폐뭉치는 정확하게 5백 달러였다. 주전자와 메모지를 받아든 순간, 약국 주인은 먼 곳을 바라보며 상상의 날개를 펼치기 시작했다.

"나는 이 주전자에 든 내용물을 팔아 전 세계에 있는 수백 만 명의 사람들에게 막대한 월급을 지불할 수 있는 큰 회사를 세울 것이다. 또 이 주전자의 내용물은 막대한 양의 설탕을 소비함으로써 사탕수수 재배와 설탕 정제와 판매에 종사하는 수많은 사람들에게 일자리를 제공할 수 있을 것이다. 뿐만 아니라 후에 이 내용물을 담는 용기는 많은

256

디자이너, 카피라이터, 광고업자에게 일을 주고 이것을 아름다운 사진으로 완성한 예술가에게 부와 명예를 가져다줄 보물단지가 될 것이다. 이 낡은 주전자 덕분에 내가 지금 서 있는 애틀랜타가 미국 남부 제일의 상업 도시로 발전할 수 있을 것이고, 거기서 쏟아져 나오는 돈으로 남부 최고의 대학을 세울 수 있으며, 무수한 젊은이들이 그 곳에서 공부하게 될 것이다."

이 약국 주인이 바로 세계적인 회사인 코카콜라를 설립한 아서 캔들러(AsaCandler)다. 그리고 낡은 주전자 속에 담겨 있던 액체는 코카콜라였다. 영국 브랜드 컨설팅 회사 인터브랜드와 미국 〈비즈니스 위크〉가 2009년에 공동 발표한 '올해의 100대 글로벌 브랜드'에서 코카콜라가 1위를 했다. 코카콜라는 무려 9년 연속 정상의 자리를 놓치지 않고 있으며, 80조 원이 넘는 브랜드 가치를 지닌 것으로 평가되고 있다. 창의 본능은 '주전자에 담겨진 코카콜라'와 같은 것이다. 130년 전, 아서 캔들러에게 팔렸던 그 주전자는 지금 80조 원의 가치를 뿜내고 있다. 주전자 안에 들었던 코카콜라가 80조 원의 가치를 발휘했듯 당신의 머리에 들어 있는 창의 본능이 당신의 가치를 발하게 해줄 것이다.

사람들은 "나이 서른이면 바위에라도 뿌리를 내려야 한다."라고 말하며 '서른'이라는 나이의 중요성을 강조한다. 인생에서 가장 위험한 것은 서른에 아무것도 하지 않는 것이다. 이는 자신의 무엇을 믿고 있는가, 당신만의 무기는 무엇이냐고 묻는 것과 마찬가지다. 근무 시간 짬짬이 살펴 보는 주식, 서울 변두리에 얻은 작은 아파트 하나, 매달 조금씩 넣고 있는 적금 통장이 당신의 무기일까? 그게 당신의 10년 후, 30년 후를 지켜 주리라고는 생각하지 않으리라 믿는다. 물론 그것이 전혀 소용이 없다는 것은 아니다. 아파트나 주식, 통장이 남은 인생을 지켜주기엔 당신이 살아갈 날들이 너무 많다. '어떻게든 먹고살 수는 있겠지.'라는 생각으로 오늘 하루도 그냥 보내고 있지는 않는가? 만약 그렇다면 이제 그런 생각은 당신의 삶에서 내보내길 바란다.

사람이 살 수 있는 최대 수명은 120세 정도다. 최근에는 백수를 거뜬히 넘기는 사람도 흔하게 볼 수 있다. 만약에 내가 100살까지 산다고 가정하면, 서른 살은 겨우 일생의 3분의 1 정도를 산 것에 불과하다. 그렇다면 서른은 앞으로 남은 3분의 2 인생을 위해 무엇이라도 투자해야 하는 시기다. 지금 당신이 자신에 대한 투자를 결심했다면 이렇게 말하고 싶다.

"주중에는 스티브 잡스처럼 치열하게, 주말에는 헤밍웨이처럼 여유롭게 창의 본능에 투자하라!"

그것이 성공한 사람들의 충고다.

KI신서 2328

서른 법칙

1판 1쇄 인쇄 2010년 3월 20일
1판 1쇄 발행 2010년 3월 30일

지은이 김영한 김종원 **펴낸이** 김영곤 **펴낸곳** (주)북이십일 21세기북스
출판컨텐츠사업본부장 정성진 **생활문화팀장** 김선미
기획편집 김선미 김미경 **영업·마케팅** 최창규 김용환 이경희 노진희 김보미 허정민 김현섭
출판등록 2000년 5월 6일 제10-1965호
주소 (우413-756) 경기도 파주시 교하읍 문발리 파주출판단지 518-3
대표전화 031-955-2100 **팩스** 031-955-2151
이메일 book21@book21.co.kr **홈페이지** www.book21.com **커뮤니티** cafe.naver.com/21cbook

값 12,000원
ISBN 978-89-509-2278-8 03320